MW00737071

ZENYANG GEI HAIZI JIANG GUSHI

怎样给孩子
讲故事

小雨姐姐◎著

接力出版社
Publishing House

图书在版编目（CIP）数据

怎样给孩子讲故事 / 小雨姐姐著. —南宁：接力出版社，2014.9
（小雨姐姐讲故事书系）
ISBN 978-7-5448-3604-3

Ⅰ.①怎⋯　Ⅱ.①小⋯　Ⅲ.①家庭教育－儿童教育　Ⅳ.①G78

中国版本图书馆CIP数据核字（2014）第164195号

责任编辑：胡金环　车　颖　　美术编辑：朱　琳　　责任校对：刘会乔
责任监印：陈嘉智　　媒介主理：刘　平
社长：黄　俭　　总编辑：白　冰
出版发行：接力出版社　　社址：广西南宁市园湖南路9号　　邮编：530022
电话：010-65546561（发行部）　　传真：010-65545210（发行部）
http://www.jielibj.com　　E-mail:jieli@jielibook.com
经销：新华书店　　印制：北京联兴盛业印刷股份有限公司
开本：880毫米×1250毫米　1/24　　印张：9 8/24　　字数：175千字
版次：2014年9月第1版　　印次：2014年9月第1次印刷
印数：00 001—30 000册　　定价：32.00元

版权所有　侵权必究

凡属合法出版之本书，环衬均采用接力出版社特制水印防伪专用纸，该专用防伪纸迎光透视可看出接力出版社社标及专用字。凡无特制水印防伪专用纸者均属未经授权之版本，本书出版者将予以追究。

质量服务承诺：如发现缺页、错页、倒装等印装质量问题，可直接向本社调换。

服务电话：010-65545440

少年智则国智，少年强则国强，而讲故事是少年儿童获得智慧，积累一生财富的重要方法。希望广大家长能读小雨姐姐的书，学习讲故事的方法，以故事和睦家庭，以故事助力成长，以故事强大未来。

少年智则国智，少年强则国强，而讲故事是少年儿童获得智慧，积累一生财富的重要方法。希望广大家长能读小雨姐姐的书，学习讲故事的方法，以故事和睦家庭，以故事助力成长，以故事强大未来。

——中国关心下一代工作委员会主任　顾秀莲

怎样为孩子们讲故事？这是很多人、很多家庭都碰到过的难题，那么，请读读小雨写的这本书吧，也许能对你有一定的启发。

当然，为孩子们讲故事是幸福而又快乐的！

——中国第一代电视人、著名朗诵艺术家　陈铎为父之道在乎陪伴，陪伴之道多讲故事，故事之源唯小雨新书是荐。

——著名导演、演员　姜文

讲故事吧，如果你想让孩子聪明，就给他讲故事；如果你想让孩子拥有智慧，就给他讲更多的故事。

——爱因斯坦

　　讲故事是孩子最喜闻乐见的，也是孩子最容易接受的一种教育形式。

——冰　心

　　故事可以传授知识，启迪智慧和创造力。经常听故事的孩子往往知识丰富、知识面广、语言能力强、想象力丰富。

——孙敬修

目 录

第一章 给孩子一个故事童年

第二章　怎样为孩子选故事

从孙敬修爷爷到小雨姐姐

　　20世纪80年代中后期，我在北京担任教育行政工作，那时，孙敬修同志是北京市少年宫的辅导员，我常向他请教少年儿童的校外教育问题。他是一位极为谦逊、和蔼的老人，他对孩子的真挚的爱，和对事业的深厚的情，让我明白了他之所以被称为"故事爷爷"，不仅因为他有对儿童心理的深刻理解，有对故事呈现的精湛技艺，更因为他讲的每个故事都倾注了他的心血，熔铸了他的生命。

　　1990年初，我到疗养院去看望已经病重的他，他拉着我的手说，我是个小蜡头儿，烧了八十多年了，已经没有多大亮了，但是我还要用这点儿光去照亮儿童们的心，我希望有更多的老师，为孩子们讲更多的故事。当年3月5日，孙老与世长辞，我们在少年宫的庭院里为他铸了一座铜像，少先队员们向他献上了红领巾，并致以崇高的敬礼，永远怀念这位用故事伴随他们长大的爷爷。每当人们走过这座铜像的身旁，都仿佛听见他仍在娓娓地讲述着《西游记》里动听的故事。

　　但我却永远铭记他最后的希望——有更多的老师，为孩子们讲更多的故事。我深知他把孩子们需要故事，看作禾苗需要水和阳光一样，正是一个个生动的故事使孩子们认识了世界，认识了人生，使孩子们健康快乐成长。

近些年来，愿意讲故事的人越来越多了，愿意听故事的人也越来越多了，但会讲故事而且能使孩子们听得入神甚至着迷的并不算多，而新媒体的诞生和发展，更对老师讲故事的水平提出了挑战。在学前教育蓬勃发展的今天，怎样讲好故事就成为对一位幼儿教师职业情感和专业技能的重要考验。

如果说，现在中年以上的朋友是听着孙敬修爷爷的故事长大的，那么现在的许多年轻人则都是听着小雨姐姐的故事长大的。小雨是孙敬修同志的忠实继承者，在讲故事的艺术上形成了自己独特的风格，从而深受孩子们的喜爱，并因此获得中国播音主持金话筒奖。

小雨是一位优秀的讲故事艺术家，不仅因为她选取了古今中外的优秀文学作品改编成许多生动的故事，从而传播了人间正义，也不仅因为她用甜美的声音，动情的讲述，把孩子们带入美好的境界，更因为她在前人艺术成就的基础上不断创新，在理念上、形式上都创造出更符合时代精神的作品。比如，在讲故事过程中，加强与孩子们的互动，让孩子们参与，使孩子成为活动的中心；又比如将讲故事与音乐、情节表演、视频自然结合，从而增加故事的感染力。当然，这些最终都强化了她讲故事的主体优势——隔空传播而令孩子们陶醉的本领。

小雨又是一位优秀的故事艺术研究和教学工作者。她在幼儿教师国家培训课程中承担了讲故事的教学任务，并且在汇佳教育研究院成立了由她主持的小雨语言艺术教育工作室。她悉心钻研儿童心理及儿童语言，既有广阔的国际视野，又有鲜明的民族风格；既富有坚实的艺术底蕴，又富有深厚的科学素养，出版了许多专著和教学视频、音频。她主讲的课程每次都成为最受欢迎的课程。

如今，小雨出版了《怎样给孩子讲故事》，这本书的确能让更多的人学会怎样讲故事，怎样把故事讲好。我想，从孙敬修爷爷到小雨姐姐，再到千万位会讲故事的老师，他们传承着一个宗旨，秉承着一个信念，那就是要用自己亲切、感人的声音，塑造出一个个栩栩如生的故事人物形象，让人间的真善美永驻孩子们的心间。

国家教育咨询委员会委员、国家总督学顾问、

联合国教科文组织协会世界联合会副主席

2014年2月5日

我们大家的"小雨姐姐"

　　我知道小雨姐姐的时候，我的子女都已经长大，我还没有第三代。从家庭成员看，似乎没有熟悉小雨姐姐的人。但一个偶然的机会，我听到了小雨姐姐讲故事，我立刻认定她是我最该亲近的人。因为她用声音征服了我。她的声音让我心中的人物站立了起来，让故事中的场景，那山那水那花草那飞禽走兽都活了起来。无论是诗歌，是故事，是散文，一经她声音的再创造，那文字便有了温度，便有了生命和精神。此后，我又不止一次听小雨姐姐讲述我的童话故事，我听着听着，便有了一种又熟悉又陌生的奇妙感觉。我熟悉，是因为那故事是我写的，那人物那情节我都早已了然于胸；我陌生，是因为这作品一经她讲述，便有了血脉，有了心跳，有了呼吸，有了新的生命，使我第一次感受到了我写的人物和情景。由这种感受，我常常想起小雨姐姐，想起她的工作。她是最亲近儿童的人，是最亲近儿童文学的人，是最亲近成长着的生命的人。

　　而今我已经年近八旬了，像鲁迅先生说的一样，很多文治武功和子曰诗云都忘却了，但我仍然清晰地记得小时候妈妈在煤油灯下给我讲故事的场景，历历在目，温暖鲜活。如今的孩子和我小时候的成长环境已经很不一样了，他们面临的不是匮乏，恰恰相反可能是过于丰饶。他们有各种各样的玩具了，有广泛的阅读选择了，有各种声光电带来的刺激和欢娱了，但在我看来，在这样的环境下，我们更需要讲故事，需要爸爸妈妈亲自给孩子讲故事。

爸爸妈妈和孩子一起，选择一个好故事，坐在家里一个让人愉悦的故事空间，这样的场面让讲故事本身有了更多的意义：讲故事成了亲子之爱的最佳传递方法，讲故事成了潜移默化的教育方法，讲故事成了最好的亲子沟通方法，讲故事也成了人生最美好的记忆。可以说，任何时代的孩子，能够穿金戴银不算富有，有个会讲故事的妈妈才最富有，拥有玩具如山不幸福，听妈妈讲故事最幸福。

因为有小时候的美好听故事记忆，我也希望更多的家庭有美好的故事传统。我给孩子们写过不少故事，也给他们讲故事。20年前，小雨通过中国作协找到我，邀请我参加他的节目，我虽然只读了一首诗，但特别享受和小朋友们交流的时光。在此之后，我和小雨因为故事，因为讲故事，有了长久的友谊。她在节目里讲我的故事，比如《爱打哈欠的小狗》《春天》，她也邀请我参加访谈。有一次我刚病愈，她到我家来做了一场访谈，相谈甚欢。

经过多年的交往，我知道小雨是最擅长讲故事和广泛传播讲故事的幸福的人。她给孩子讲故事已经20年了，不仅仅给自己的孩子讲，也给广大听众小朋友讲，不仅仅自己讲，也将讲故事的方法和心得传递给家长们。她的孩子从她的故事和讲述中获得了养分，她的听众也在听她讲故事的过程中收获了营养。

小雨是我们大家的"小雨姐姐"，她用她饱含深情的声音，为我们再创造了一座文学殿堂。走进她的声音，我们便可以和白雪公主邂逅，给卖火柴的小女孩更多关爱；可以飞越凌霄绝顶，走过曲巷幽径；对于那些经典，可以重温，可以知新。声音里的故事和诗歌，不仅可以让我们享受"美听"，更可以直抉我们的心灵。她的声音，让我们直接、快速、强烈地感受着文学艺术，既是启蒙的，又是绵长的记忆。我们将她的声音安享于家庭、学校，给童年，给父母，也给老人带去许多快乐和慰藉。试想，当众多的孩子、父母、教师、老人，都唤她"小雨姐姐"的时候，这是何等的亲切，何等的荣耀！

读她的新书《怎样给孩子讲故事》，就像和一个亦师亦友的妈妈聊天，能学到讲故事的方法和技巧，能知晓怎样讲故事孩子最爱听，能了解最适合给孩子讲故事的书单，连讲故事的贴心练习都有。值得一提的是，小雨提出了很多有意思的概念和理念，比如起床故事，比如故事的仪式感，都是多年经验的总结，非常宝贵。

可以说，对想给孩子讲故事的妈妈而言，《怎样给孩子讲故事》是必备的工具书。对还不了解讲故事重要性的妈妈而言，这本书能带你走上一条有趣而有益的亲子故事的道路。希望这本书陪妈妈们度过更美好的亲子故事时光，希望这本书让更多孩子拥有幸福的故事记忆！

金　波

2014年7月于北京

传递"坚持"的正能量——小雨《怎样给孩子讲故事》出版有感

第一次听小雨讲故事是在20年前。当时她邀请我参加《爱星满天》的录制，让我和小朋友们分享扮演孙悟空的经历和感想。我特别高兴，美猴王孙悟空这个神话英雄可以说是中国荧屏最受少年儿童欢迎的艺术形象，而我，也因为扮演了齐天大圣孙悟空改变了我自己事业和家庭的命运，有机会和小朋友们分享我们"章氏猴戏"家族中六龄童、小六龄童、六小龄童、七龄童、七小龄童、小七龄童等演绎《西游记》故事的经历，回答小朋友们关于《西游记》的种种所见所闻。10年之后的2004年，我又一次做客《爱星满天》，和小朋友们分享了我后来的一些人生经历，尤其是我作为安徒生大使在丹麦的经历和见闻，同样也回答了小朋友们很多有趣的提问。而这一年，正是小雨给孩子们讲故事的第十年。

早些天，小雨跟我说，她要出版《怎样给孩子讲故事》了，我不禁感叹，光阴荏苒，小雨给孩子讲故事已经坚持20年了。她的坚持实在难能可贵，我因为坚持用了17年的时间演绎电视剧《西游记》中的美猴王孙悟空而被载入大世界吉尼斯纪录，更深刻体会到"坚持"的不易。比如玄奘，他的一生用两个字总结，就是"坚持"，不管遇到多少艰难险阻，矢志不渝地一路向西，求取真经。玄奘的坚持精神是"宁向西去一步死，绝不东归一步生"的精神，而我们现代人，面对各种各样的名利和诱惑，面对纷至沓来的信息，面对日新月异的变化，可以说也有人生的八十一难，要不断地克服并坚持20年给小朋友做一件事，同样十分令人钦佩。

因为难能，所以可贵，也因为难能，所以需要加倍付出。听众和观众见到的是广播里、荧屏里的光鲜的小雨姐姐，而作为小雨在艺术界多年的好朋友，我明白她为这光鲜付出了时间和精力。记得有一年，我接到小雨的电话，跟她聊了很久，因为她要讲《西游记》和孙悟空的故事，所以向我了解，问了很多问题。而在我讲到演《大战红孩儿》那集被真火烧得几乎窒息的故事时，小雨还感动得哭了。一个每天讲故事的人，如此细细地了解每个故事的背景和内涵，吃透它，再讲给小朋友们听，这本身就是一种对孩子非常负责任的值得尊敬的态度。因为她用这样的态度讲故事，所以特别值得向孩子们和家长们推荐。

现在，小雨要把她讲故事的经验和心得通过新书《怎样给孩子讲故事》分享给父母们了，而且听说这本书的成稿经过了多次增删、修订和打磨，提出了很多新的概念，所提倡的也是经实践证明的好的理念，我十分欣喜。父母们有福了！读完这本书，你不仅能够明晰讲故事的意义，能够掌握讲故事的方法，能够熟悉讲故事的技巧，你也将和你的孩子开启一段妙不可言的人生，通过故事，你们之间会充盈着爱，会充满着默契，会迎刃解决很多难题。

最重要的是，我衷心地希望父母们读完这本书以后能够像小雨一样坚持讲故事，不管你开始得早还是晚，也不管你讲得好还是不好，你的坚持，对你的孩子意义重大，你的坚持，也正是这本书作者小雨要传递的正能量。

敢问路在何方？路在脚下！

六小龄童

自　序

　　我休完产假之后，就从国家教委调到了北京电台，开始了少儿节目主持人的生涯。一晃儿子都已经上了大学。回首这过去的20年，突然间有了一些感慨。

　　我自己是从小听着孙敬修爷爷的故事长大的，那时候我想，以后我也要像孙敬修爷爷一样为小朋友讲故事。我喜欢朗诵、唱歌、跳舞，从北京宏庙小学到北京师范大学附属实验中学，每次学校里的联欢会演出都少不了我。后来我去了少年宫学习舞蹈，每个五一国际劳动节、六一国际儿童节、十一国庆节、寒假、暑假，我都会参加各大公园的游园会和剧场演出。我很自豪地说过："北京大大小小的剧场我在上小学的时候就全都去表演过，包括人民大会堂。"（这话听着有点傲，但的确是事实。）我想我在舞台上的胆量就是这样练就的吧。

　　我的儿子很幸运，因为他从小就是听着我讲的故事长大的。讲故事是我在电台里的工作，我每天都在不停地琢磨讲故事的技巧，一遍一遍地尝试、练习，而练习的对象常常就是我的儿子。

　　我根据儿子听故事的反应不断地调整、改进，然后再讲给更多的孩子听。随着儿子一天一天长大，我的故事内容也逐渐丰富起来，从睡前故事、成语故事、寓言故事，到安徒生童话、伟人成长故事、中华美德故事，等等。

　　我的梦想成真了，每天我都会为小朋友们讲故事，这一讲就是20年。我不仅为我自己的儿子，也为千千万万个孩子讲故事；不仅通过电波，也面对面地为孩子们讲故事；不仅在家里，在直播间，在幼儿园，也在国家大剧院、中国儿童剧场、中山音乐堂、北京音乐厅等剧场里为孩子们讲故事；我不仅自己讲，也辅导孩子和幼儿园老师讲故事；不仅自己琢磨、钻研讲故事的技巧，也去采访、请教曹灿老师、虹云老师、徐涛老师、鞠萍姐姐、金龟子等这些讲故事的专家；我还有机会去和丹麦大使夫人、中国及世界儿童文学作家一起讲故事……

　　我讲故事的实践活动如此多样，舞台如此丰富，让我有了一种传承的使命感。我想我应该把前人的经验和我总结的一些技巧方法介绍给大家，让更多的爸爸妈妈、幼儿园老师受益。

　　有些人认为讲故事的技巧并不重要，只要能读给孩子或者讲给孩子听就行了。我不完全同意，就好像给孩子做饭一样，饭菜本身都是有营养的，可以说只要孩子能把饭菜吃进肚子里就算成功了，而如果父母能更讲究一些做菜的技巧，把饭菜做得孩子爱吃、喜欢吃、主动地吃不是更好吗？再说，语言艺术的基本功是相通的，父母、老师多了解一些，不管是对自身的工作，还是在辅导孩子的朗诵、讲故事、演讲等方面都会有所帮助，希望每一位爸爸妈妈和老师都能成为讲故事的高手！

　　我们有幸为人父母，或者有幸成为一位老师，我们有机会参与一个生命的成长，参与意味着付出，意味着欣赏，就让我们从讲故事开始，让生命的成长更加茁壮，更加多姿多彩！

第一章

给孩子一个故事童年

　　在我们小时候的记忆中，总有这样一句："很久很久以前，有一个……"每当这个时候，我们就会踏上一段奇妙的旅程，进入一个神奇的世界，插上想象的翅膀，在幻想的世界里自由翱翔，而能带给我们这段奇妙体验的就是故事。有故事陪伴的童年才是幸福的童年。

　　每一个孩子的童年，都是由一段段、一个个美丽的故事组成的。有现实的故事，也有童话故事。《童年的消逝》的作者格雷厄姆·格林在谈到童年时代时说："或许只有童年的书，才会对人产生深刻的影响……孩提时，所有的书都是预言书，告诉我们有关于未来的种种，就像占卜师在纸牌中看到漫长的旅程，或经由水见到死亡一样，这些书都影响到未来。"

　　童年时代接触过的故事，往往在成年之后还会历历在目。父母讲过的故事，我们也总是能清楚地记住某些细节。故事是滋养孩子心灵的法宝。我们通过一个个故事获得了快乐，享受到了幸福，了解了这个世界。孩子们通过听故事、讲故事，了解了语言的奥秘，学会了表达，加快了成长。

孩子说话，一般要经过两个过程，第一个过程是"学听话"。婴幼儿从一出生就身处于口语的语言环境中，先用耳朵接收信息。随着孩子说话器官的发育，会逐步进入到第二过程——"学说话"，也就是用口来表达信息。孩子学话的两个过程时间长短不尽相同，从"学听话"到"学说话"一般需要三四年的时间。孩子"学听话"——用耳朵接收信息比较容易，"学说话"——用口表达信息比较难。

孩子对语言的最初体验是通过耳朵。比如听妈妈唱摇篮曲和童谣，就会促使孩子对语言产生一种美好、愉快的体验。语言包含了声音、意向和意义等内容，所以家长和老师要通过说话、唱歌等多种形式，为孩子提供语言上的体验和刺激。而讲故事可以说是一种最容易实施、效果最好的方式。

现在的爸爸妈妈往往知道给孩子讲故事的重要性，懂得让孩子听故事的意义，但常常不知道该如何讲故事，不知道怎样讲故事才会让孩子更爱听。在这本书中，我将和爸爸妈妈以及老师们共同分享，如何为孩子选择合适的故事，如何给孩子讲故事，如何用故事帮助孩子成长，如何为孩子构建一个美好的"故事童年"。

一　故事是滋养孩子心灵的法宝

故事是文学体裁的一种，因为它起源于民间，流传于民间，语言自然流畅、通俗易懂，情节构思奇巧、妙趣横生，所以深受广大人民群众的喜爱，尤其受到了孩子们的喜爱。

在文字出现以前，故事就产生了。在词典中，我们可以看到关于故事的定义。《辞海》对故事的定义是这样的："故事是文学体裁的一种。侧重于实践过程的描述，强调情节的生动性和连贯性，较适于口头讲述。"《现代汉语词典》将故事定义为："真实的或虚构的用作讲述对象的事情，有连贯性，富吸引力，能感染人。"

这些对故事的定义是静态的文字，而在我的眼里，故事是动态的，丰富的，有画面的，有声音的。那些发生的，不管是在过去、现在或者未来，不管是真实的还是虚构的，都可以成为故事。世间的万事万物，不管是人类、动物、植物、物体，都是可以有故事的。

二　为孩子打开故事王国的大门

故事，有很多种类，不同的分类会有不同的结果。

按故事的创作过程分类，包括民间传说故事和创作故事等。

按故事的形式分类，包括文字故事、图画故事、音乐故事、谜语故事等。

按故事的内容分类，包括儿童生活故事、动物故事、神话故事、历史故事、人物故事、童话故事、民间故事、寓言故事、科幻故事等。

故事包括人物、情节和环境，故事一般都会有头有尾。

下面让我们来了解一些故事种类。

民间故事：是一种流传于民间，具有一定传奇性和幻想成分的、题材广泛的叙事性口头文学形式。比如大家熟悉的《田螺姑娘》《牛郎织女》等，都是从民间流传下来的故事。

改编故事：以古今中外的文学名著为依据而改编的，适合儿童欣赏的故事，也称为文学名著故事。比如《西游记的故事》等。

生活故事：取材于儿童的生活，反映发生在孩子们身边的琐事的生活小故事，可分为以写人为主的和以写事为主的生活故事。在幼儿园里，老师一般常会给孩子们讲生活小故事。

历史故事：以史实为依据而编写成的，适合儿童欣赏和聆听的故事，是历史和文学相结合的产物。比如《岳飞精忠报国》《三顾茅庐》等。

童话故事：用丰富的想象力，赋予动物、植物或者物体等以人的情感，总是把恶和善极端化的故事。通俗地说就是坏人特别坏，好人特别好；坏人很恶毒，好人很善良。比如在《白雪公主》里，七个小矮人很善良，而皇后很恶毒；在《灰姑娘》里，灰姑娘很善良，后母很恶毒。在童话故事里往往还包含了神奇的魔法、无尽的财富、凶恶的怪兽等元素，使故事能够引人入胜，启发孩子们的好奇心，丰富孩子们的想象力。

成语故事：成语是我国传统文化的精华，是历史的积淀，每一个成语的背后都有一个含义深远的故事。比如《八仙过海》《对牛弹琴》《刻舟求剑》《画蛇添足》等。

动物故事：取材于动物世界，以动物为主人公，描写它们的生态、习性，或借助动物的形象来比喻人类社会生活和社会关系的故事。比如《龟兔赛跑》《小马过河》《小猫钓鱼》等。

科幻故事：根据一定的科学原理，进行合理想象和幻想而创作出来的故事，就是科学幻想故事。比如《星球大战》等。科幻故事里的人物和情节，不能无限制地去想象和幻想，要有一定的科学依据。

当然，这些故事类型的划分并不全面，有时在童话故事里，也有动物故事；有时在历史故事里，也有成语故事。在这里只是简单地对故事做一下分类，让家长和老师了解故事大概分为哪些类型，以及它们的特点。这样，在给孩子们选择故事时，就可以更有针对性了。

三 故事的特点

1.故事要适合口耳相传

故事有虚拟的，有真实的。编写及讲故事的人，通过故事传达给孩子一个情节，一个道理，或者一个知识点。故事一般都是朗朗上口，浅显易懂的，尤其是可以讲出来的故事更是如此。最初的故事，也许是一群野人围在篝火旁一边吃烤肉，一边谈论着今天阿三逮着了一只兔子，阿四没追着一只老虎之类，虽然他们的语言极其简练、不够丰富，但他们一定也会互相传递这些信息，所以在没有文字的情况下，故事一定是口口相传的。后来慢慢有了文字，流传的故事被记载下来，就是我们现在能读到的一些故事。能讲出来的故事一定是不复杂的，比如《红楼梦》的复杂程度就不适合讲故事，会让人听不明白，这类故事特别适合阅读。给孩子讲的故事一定要是浅显易懂的。

2.故事要有时间和场景

故事是教育孩子的一种有效方法。尤其是3—6岁的孩子，极富想象力，也特别容易相信。比如我们对孩子说"太阳公公出来了"，孩子马上就能把太阳想象成一个白胡子的老爷爷，好像看见太阳公公在对他微笑。所以家长和老师可以充分利用故事这个载体，向孩子传授知识、行为规范和做人做事的道理。

　　我们讲故事时最好给孩子营造一种氛围。在一个特定的时间、特定的环境里发生了一个特别的故事，可以让孩子在这个氛围里尽情想象。比如，"在一眼望不到边的大草原上，有一群羊在那里吃草，太阳刚刚从东边升起来，照得羊儿们舒服极了……"孩子听着大人的描述，凭借着有限的经验和阅历，想象着一眼望不到边的大草原，哪怕是想象着以往看过的大草原的图片也好，把孩子带到大草原的场景里面，孩子就会随着故事继续想象着小羊、小马或者小兔子等在草原上发生的故事。

3.故事一定要有对话

　　有了时间和场景，故事还需要有人物，讲出来的故事里面一定要有人物的对话，这是讲故事的一个非常重要的因素。在本书的第三章中，我提到了讲故事之前要对故事进行一定的修改，如果故事中的对话很少，甚至一句对话都没有，我们一定要把一些叙述的语言改成对话。有对话的故事，人物才会变得生动，讲起来也更容易吸引孩子。比如故事原来是："小明放学回到家，妈妈做好了红烧鱼等着他。"可以改成："小明放学一进家门，就大声喊：'妈妈，我回来了！'妈妈迎过来，一边帮小明拿书包，一边笑盈盈地说：'孩子，饿了吧？妈妈今天给你做了红烧鱼。'小明兴奋地看着妈妈：'妈妈，我已经闻到红烧鱼的香味了，真香！'"对话会帮助孩子更好地了解人物，理解故事；而对讲故事的人来说，对话也更容易让故事生动起来。

四 故事是最好的教育

1.故事是情感的乳汁

讲故事就像给孩子喂奶一样，是家长与孩子之间心灵的沟通，可以说故事是情感的乳汁。

亲人之间的情感是慢慢积累起来的。父母都希望孩子跟自己亲，那就需要从小打下一个好的基础。一个故事、一首儿歌也能够传递亲情。比如在我小的时候，我妈妈和爸爸经常给我讲故事，后来我又把这些故事讲给我的儿子，当我们提到这些故事的时候，全家人就会有一种无法言表的默契，这就是故事的传承，亲情的纽带。

就说我和我的儿子吧，当我们聊天中不经意地提到曾经讲过的故事里的一个人或者一句话时，我们就会相视一笑，会自然地想起当年讲那个故事的情景。这就是一种特别好的交流，是父母和孩子一起成长的一个幸福小记号。比如我的儿子从大学回家过暑假，我一定会在他回来之前把他的房间打扫干净，他每次回家进屋的第一句话几乎都是："哟，田螺姑娘来过啦！"这时候不需要过多的语言，我们自然都有一种心有灵犀的感觉。其实这也成为一个家庭的小记号，是亲子之间一辈子的暗语，这就是故事带给我们的。

凡是喂过奶的妈妈都知道，在给孩子喂奶的时候，妈妈一般都会很专注，看着宝宝吸吮着乳汁的样子，会充满爱心地想着：我的宝宝会越长越强壮、越长越漂亮。这样想着，乳汁就会在宝宝的身体里产生更好的影响。如果妈妈喂奶时不专心，甚至情绪烦躁，乳汁也会带着妈妈不好的情绪进入到宝宝的身体里面。其实讲故事也是一样，如果家长投入感情地讲故事，故事对孩子所产生的效果也会大不相同。

2.故事让孩子学会与人交流

在日常生活中，我们常常看到不太合群的孩子，他们不知道应该怎样和别的小朋友交流，怎样和别人说话，即使开口说话的时候，也不敢看对方的眼睛。其实，平时如果家长在讲故事的时候稍加注意，就可以帮助孩子学习到一些如何与别人说话、交流的方式方法。平时爸爸妈妈在和孩子说话的时候，要微笑着、充满爱意地看着孩子的眼睛，眼神的交流非常重要。

很多孩子就是通过故事学会如何和别人打招呼的，什么样的语言叫敬语等等。比如家长在故事中讲："小山羊出去玩，看到了山羊伯伯，小山羊大声说：'山羊伯伯，您早。'"家长可以让孩子重复小山羊说的话，孩子自然而然地就知道应该怎么和别人打招呼了。

本书第六章《讲完故事以后做什么》中也提到，一个故事，不仅需要家长讲给孩子听，讲完故事之后，还要和孩子一起复述、表演、画出来等等，这些都是在重复故事里人物的美好语言，让孩子在重复中知道，我们可以这样和别人打招呼、说话。

家长不仅要重视故事中的对话，还要注意说话之前的那些形容词。比如，"一只小青蛙走进商店，它看着青蛙阿姨大声地说：'青蛙阿姨，您好！'青蛙阿姨和蔼地看着小青蛙：'小青蛙，你想买什么呀？'"在这段对话中，小青蛙是"看着"青蛙阿姨，"大声地"说，其实在这个语境中清楚地告诉孩子，以后遇到同样的情况该怎么说话。如果您是一位细心的家长，也会把这些融入日常生活中。

一本绘本、一个故事是作者经过好几个月，甚至几年的时间才完成的，故事里会融入很多的细节和理念，如果只是给孩子讲故事情节，而忽略了细节，那就是一件很可惜的事情了。家长要充分利用好每一个故事，才能享受到这个故事带给孩子的知识和快乐。

3.故事让孩子学会生存技能

对于同一个故事，不同年龄段的孩子领悟的也不尽相同。小时候听到的一个故事，有时候就像种在土壤中的一颗种子，在孩子的成长过程中，会慢慢地发芽、开花，结出果实。

很多送孩子出国读书的家长，都会对孩子有各种各样的不放心，担心安全问题，担心孩子吃不好饭，不会照顾自己，等等，我也不例外。儿子在家的时候，因为可以吃到现成的饭，所以很少见他去厨房。可是他到了国外的大学不久就给我们发回了很多他做的菜的照片，他说他已经开始喜欢厨艺了。他和好几位同学一起入伙吃饭，他做饭，其他同学刷碗。儿子搬过两次家，这些同学都愿意跟着他一起搬，原因很简单，儿子会做好吃的中国菜。我对此很好奇，儿子是从什么时候开始对做饭这么感兴趣的呢？他的回答有些出乎我的意料，他说是因为他一直记得我给他讲过的一个故事《小熊学做饭》："出门在外，一定要吃好、睡好！……不会做饭，慢慢地就会饿死。"这个我几乎忘了的故事，却在若干年后，鼓励儿子掌握了一项生存技能——做饭。在一次听众联谊会上，一位我昔日的小听众抱着自己的孩子，也谈到了这一点，小时候听到的故事是会记一辈子的，还会在长大以后发挥作用。

4.故事可以增强孩子的记忆力

我一直主张，对于好的故事，家长给孩子讲完之后，最好和孩子一起复述，甚至表演一遍，这也是对大脑发育的一种刺激。孩子不但记住了，还能用自己的语言讲出来，甚至表演出来，这对孩子的记忆力和语言表达能力都是一种锻炼。

十几年前我在广播里讲过一个故事叫《奇怪的雨伞》，每次下雨的时候，熊妈妈都会为小熊打伞，每次小熊都会发现妈妈的衣服被淋湿了，而自己的身上却是干干的，小熊总也想不明白这是为什么。他问妈妈这是怎么回事，妈妈告诉他，这是小花伞的秘密。等到小熊有了自己的孩子，下雨天他打着伞，为了照顾孩子，自己就有半边身子被淋湿了，他终于知道了小花伞的秘密。在一次听众评选的活动上，一位妈妈特意走过来对我说，每次下雨的时候，她的孩子都会说："妈妈，我知道小雨伞的秘密，所以我们把雨伞往您那边挪一挪吧。"故事对孩子的影响力和记忆力有时会让家长惊讶，甚至感动。

5.故事是家长和孩子沟通最好的桥梁

在日常生活中，当您不知道该怎样和孩子交流时，或者用正面交流很难达到效果的时候，讲故事也许是一条捷径。

上幼儿园的小朋友回到家里，爸爸妈妈总想让孩子多说说在幼儿园里的事情，想多了解一些情况。而有的小朋友就是什么也不说，急得家长没办法。这个时候，家长可以请故事来帮忙，确切地说是请故事游戏来帮忙。妈妈可以把手放在头顶上，装成小兔子的样子，兴奋地对孩子说："我是你最好的朋友小白兔，今天我可真开心呀，我在幼儿园里吃到了我最喜欢的土豆丝，午睡的时候还做了一个梦，梦见了我的小熊。可是下午我有一点儿不开心，因为我喜欢的玩具让别的小朋友拿走了。我的好朋友宝宝，你今天在幼儿园里怎么样呀？"孩子是最容易相信的，他会马上进入你的故事世界，也会敞开心扉，把自己高兴和不高兴的事情告诉你这只"小白兔"。

在儿子出国上学之前，我想跟儿子好好聊一聊，但是十七八岁的大男孩，并不觉得自己还是孩子，所以聊的效果并不好。临行的前一天我和儿子一起玩了一个编故事的游戏，故事的名字叫《不能反悔的事情》，是讲一只小熊经过千难万险来到了不能反悔王国，他做了国王，在就职演说的时候，一阵大风把部下写好的演说词刮跑了，没办法，小熊国王只好绞尽脑汁，一边想一边告诉臣民坚决不能做那些不能反悔的事情。于是故事游戏中就需要儿子参与啦，我先说："文身。"儿子马上接着说："耳洞。"……就这样我们说了很多不能反悔的事情，说了很长时间，气氛也很愉快。在机场送行的时候，儿子给了我一个大大的拥抱，小声在我耳边说："小熊国王不会让您失望的！"

故事是家长和孩子沟通的最佳桥梁，是距离最短的交流，可以直抵内心。

6.小故事解决大问题

有一些对孩子难以启齿的话题，也可以用讲故事的形式来表达。

一个孩子从爸爸的钱包里偷偷拿了100元钱，爸爸发现了以后告诉了孩子的妈妈，他们都很紧张，一定要制止孩子的这种行为，不然会酿成大错。可怎样和孩子谈呢？如果直接用"偷钱"这个字眼来说孩子的话，孩子的自尊心很强，肯定达不到最佳效果，况且孩子可能没有意识到爸爸妈妈的东西不能随便拿，说他"偷钱"也许太严重了。这位爸爸找到了我，希望我给他出个主意。我的办法当然是讲故事，我帮他编了一个《小猫吃鱼》的故事：有只可爱的小猫咪，家里的人都很喜欢它，总会喂它好吃的，它的餐盘里每天都会有小鱼。有一天家里买来了一个大鱼缸，里面有很多漂亮的小鱼，小猫想：这些小鱼的味道一定更鲜美！它每天都在尝试着吃鱼缸里的小鱼，这只聪明的小猫咪终于偷偷地吃到了一条小鱼，接着第二天、第三天，小猫咪总能尝到美味的小鱼。家里的人突然发现鱼缸里的鱼越来越少，猜想一定是小猫咪吃的，因为大家都喜欢小猫咪，并没有制止它偷吃小鱼的行为。有一天，小猫咪又趁家里没人的时候用爪子捞小鱼，一不小心掉进了大鱼缸，淹死了。如果一定要趁别人没看见、不知道的时候做出的行为，一般来说都不是什么好事，都是坚决不能做的，否则就会有不好的下场。当然像雷锋叔叔那样做好事不留名的除外。

这位爸爸后来告诉我，他把这个故事讲给孩子听，效果出奇好。孩子主动地说出了拿过爸爸钱包里的钱这件事，说以后再也不会这样做了。

再比如，有些六七岁的小女孩还跟着爸爸一起洗澡，这是亟待普及的性教育问题，当家长不知道该如何向孩子解释这个问题的时候，讲个适合的故事就是最好的方法。

其实不只是家长可以在难以启齿的时候用讲故事的方法来解决问题，在一个氛围比较好的家庭里，孩子也可以这样做。一个朋友在聊天的时候偶然说起了孩子的事情："小雨你知道吗，昨天我女儿给我讲了一个她编的故事。"我问他，你女儿讲了什么故事？他说，女儿的班里要举行一个故事大赛，女儿就自己编了一个故事。大概是说在铅笔盒王国里，一支小铅笔走丢了，大家都在找它，其实这支小铅笔是被小白兔带走的，小白兔并不是偷小铅笔，只是想用一下，结果用完就放在自己的铅笔盒里了……我听着听着就笑了，我告诉这位朋友，这很可能是女儿想向他寻求理解和帮助，也许她就是故事里的小白兔，她现在不知道该怎么办才好，而且她向你表白了她不是偷，她是无意的。

故事本身就是一个特别好的桥梁，它可以缩短家长和孩子之间的距离，让沟通变得毫无障碍、顺畅愉快。故事原本就是既虚拟又真实的，如果把虚拟和真实很好地融合在一起，就可以让孩子很快进入到那个情境当中，解决家长和孩子难以启齿的问题。

第二章

怎样为孩子选故事

　　目前故事书的出版数量庞大、种类繁多，加大了家长和老师为孩子选故事的难度，而和孩子一起阅读和讲故事的时间是有限的，作为家长和老师一定要知道应该如何为孩子选择适合的好故事。故事是否恰当、合适，直接影响到讲故事的效果以及孩子的身心发展。如何挑选故事也是一门学问，不管三七二十一，随便拿起一本书就讲给孩子听，那是不负责任的表现，因为您不知道书的下一页是不是适合孩子。就像我们给孩子做饭一样，要根据孩子的年龄、孩子的需求来选取食材，我们要结合孩子的年龄特点和心理需求去为孩子选择适合的好故事。

　　一个精彩的儿童故事，要贴近孩子们的生活，有鲜明的人物和生动的情节，要有简洁、清晰、朗朗上口的叙述和栩栩如生的对话。如果是绘本，还要有趣味横生的会讲故事的图画。这样的故事才能真正走进孩子们的心灵，成为孩子们的精神食粮。就像食物一样，并不是所有的故事都能引起孩子们的兴趣，家长和老师要根据孩子的年龄、性别、性格特征来选择不同内容的故事。

一　童谣是最早的故事

在宝宝刚来到这个世界的时候，他还听不懂大人在说什么，但是他能够感受到语言韵律的美。慢慢地他知道了这个声音是妈妈的，那个声音是爸爸的。有韵律的童谣，是让宝宝熟悉、学习语言的一个途径。好的童谣都非常生动，像"你拍一，我拍一"，家长和老师在给宝宝说这些童谣的时候，不妨回忆一下自己小时候的样子，这样说起来会更有童趣、更开心。

那些经典的童谣经过一代又一代人口耳相传，吸引了千千万万的孩子反复诵读，成年人也依旧津津乐道。它赋予了我们很多的智慧，也是几代人的共同记忆。童谣非常适合孩子，在孩子刚刚开始咿呀学语的时候，童谣起到很大的作用。童谣的文字简单，富含韵律，易学易记，朗朗上口，对孩子熟悉和学习语言非常有帮助。

孩子在成长过程中都有一个阶段，在还走不稳的时候，就急着想跑。其实说话也是一样，孩子发音吐字还不清楚的时候，却说得特别快，也许只有他们自己才听得懂。而在说童谣的时候，因为有韵律的存在，所以速度自然而然地就会慢下来，这能帮助孩子控制好节奏，把字说清楚。

对于口吃的孩子来说，更应该多练习说童谣。大部分口吃的人都是学来的。有的小朋友听到别人说话口吃，觉得好玩，就跟着学，慢慢地自己也变成了口吃。这也提醒家长和老师在讲故事的时候，最好不要用口吃的语言来体现人物特点。如果动画片里有口吃的人物也不要去学，甚至不看，因为这会对孩子产生非常不好的影响，也是对孩子不负责任的表现。孩子一旦口吃了，用唱歌、说童谣的方法纠正都是非常有效的，让孩子慢慢地说，把速度放慢，想好了再说，渐渐地就会克服口吃的问题。

二 根据孩子的年龄选对故事

1. 儿歌和童谣最适合0—6个月的宝宝

0—6个月的宝宝，语言能力处于初步发展阶段，这个时期的宝宝还不会说话，家长可以经常给孩子轻轻地唱一些儿歌或者摇篮曲。

摇篮曲

睡吧，睡吧，我亲爱的宝贝，

睡吧，睡吧，我亲爱的宝贝，

妈妈的双手轻轻摇着你，

摇篮摇你，快快安睡。

睡吧，睡吧，我亲爱的宝贝，

妈妈的双手轻轻摇着你，

摇篮摇你，快快安睡，

夜已安静，被里多温暖。

这首《摇篮曲》，曾经伴随了很多孩子的童年。

对于我们人类而言，语言首先是声音、音调和韵律，对于婴儿来说，他们不会说话，但是这些声音、音调会进入他们的耳朵，并留在他们的脑海里。虽然当时他们没有办法领悟到这些童谣、摇篮曲的含义，但是这些音符和旋律会深深地植入到他们的记忆中。

这个时期，家长不要认为孩子什么都不懂，就不给孩子说，不给孩子讲。您可以给孩子唱一些摇篮曲，说一些童谣，培养他们对语言的感觉和兴趣。即使您觉得自己唱得不好也没有关系，为孩子唱歌、说童谣是家长给孩子最好的礼物之一。家长可以在唱儿歌、说童谣的时候，伴随着一些有节奏的抚摸动作，有利于增加孩子的节奏感、安全感，以及对周围世界的信任感。

小雨姐姐推荐的童谣：

五指歌

一二三四五，上山打老虎。

老虎没打到，见到小松鼠。

松鼠有几只？让我数一数。

数来又数去，一二三四五。

排排坐

排排坐，吃果果，

幼儿园里朋友多。

你一个，我一个，

大的分给你，

小的留给我。

老鼠长了小白牙

作者：白　冰

老鼠长了小白牙，

每天早晚都要刷。

前排牙齿上下刷，

里面牙齿前后刷。

小嘴小牙香喷喷，

亲完爸爸亲妈妈。

2.为7—12个月的宝宝专门设计的游戏歌谣

随着孩子慢慢长大，语言能力有了一定的发展，但还不是很完善，只会简单的发音，不会说完整的句子。这个时期的孩子对自己的身体和周围的世界有了更多的认识，家长可以选一些有韵律、节奏感强的歌谣，最好是游戏歌谣，可以一边说，一边和孩子玩一些身体游戏、手指游戏。通过这些游戏，发展孩子的动作协调能力，并且使他们能够更好地认识自己的身体，还能调整孩子的呼吸和心跳。

小雨姐姐推荐的游戏歌谣：

大拇哥

大拇哥，二拇弟，中鼓楼，四兄弟，小妞妞，（抓住孩子的小手，边点着他的手指头边说）

爬呀，爬呀，爬上山，（食指从胳膊一步步点到肩膀）

耳朵听听，（捏捏耳朵）

眼睛看看，（点点眼睛）

鼻子闻闻，（点点鼻子）

嘴巴尝尝。（点点嘴巴）

最后，胳肢一下。（停顿，然后突然把手伸到孩子的脖颈处，胳肢一下，孩子

会惊喜地等着这一时刻）

手指宝宝做运动

一个手指点点点，（伸出一个手指点宝宝）

两个手指敲敲敲，（伸出两个手指在宝宝身上轻轻敲）

三个手指捏捏捏，（伸出三个手指在宝宝身上轻轻捏）

四个手指挠挠挠，（伸出四个手指在宝宝身上挠一挠）

五个手指拍拍拍，（双手对拍）

五个兄弟爬上山，（在宝宝的身上做爬山状）

叽里咕噜滚下来。（在宝宝身上从上往下挠）

身体部位游戏

碰碰你的头发，碰碰你的脸，

我们来开始做游戏。

碰碰你的鼻子，碰碰你的眼，

假装你打了一个大喷嚏。

碰碰你的耳朵，碰碰你的腿，

碰碰你的胳膊，碰碰你的嘴。

小手拍拍

小手拍拍，小手拍拍，

手指伸出来，手指伸出来，

眼睛在哪里？眼睛在这里。（也可换成其他身体部位）

用手指出来，用手指出来。

宝宝的小手不见了，（双手都放在背后）

爸爸妈妈快来看，宝宝的小手又出现。（双手从背后再拿出来）

3. 为1—2岁的宝宝讲游戏故事

1—2岁的孩子，已经能发出更多的语音了，声调也变得丰富起来，并且能有意识地对家长有回应和情绪的反应，孩子终于开始与外界有了对话和交流。这时候家长一定要经常给孩子讲故事，要特别注意故事的游戏性，让孩子像做游戏一样，一边听一边参与。

家长可以多讲小动物、小汽车、小火车等能发出拟声词的故事。可以一边讲一边拿着玩具表演。比如：

有一天，一只小猫咪喵喵喵地叫着来找好吃的东西。它看见了小汽车："喵喵喵，小汽车，你有好吃的东西吗？"小汽车摇了摇头："嘀嘀嘀，我没有，你去问问别人吧。"小猫咪看见了小鸭子："喵喵喵，小鸭子，你有好吃的东西吗？"小鸭子摇了摇头："嘎嘎嘎，我没有，你去问问别人吧。"

在讲到小猫咪、小汽车、小鸭子的时候，家长可以停下来，鼓励孩子和您一起说，只说拟声词就行。如果学不像也没有关系，只要孩子能够很高兴地听和说，能随意地发出声音就可以了。

当孩子主动发音和您交流的时候，家长要富有感情地、由衷地鼓励孩子，轻柔地抚摸孩子的小脸，亲亲他的小手，给他喜欢的食物作为奖励，等等。孩子会在这样积极的反馈中越来越喜欢和家长交流。

　　对孩子来说，父母的声音是最优美的、最安全的，父母要多给孩子唱歌，多和孩子说话，多给孩子讲故事。

4.2—3岁的宝宝喜欢重复性强的故事

　　2—3岁的孩子，语言能力有了更大的进步，但是理解力和记忆力发展得还不是很好，可以给孩子讲一些多带重复性语句的故事。

　　比如《拔萝卜》：

　　老公公去拔萝卜。他拉住萝卜的叶子，"嗨哟，嗨哟"拔呀拔，拔不动。

　　老公公喊："老婆婆，老婆婆，快来帮忙拔萝卜！"

　　"唉！来了，来了。"

　　老婆婆拉着老公公，老公公拉着萝卜叶子，一起拔萝卜。

　　"嗨哟，嗨哟"拔呀拔，还是拔不动。

　　老婆婆喊："小姑娘，小姑娘，快来帮忙拔萝卜！"

　　"唉！来了，来了。"

　　小姑娘拉着老婆婆，老婆婆拉着老公公，老公公拉着萝卜叶子，一起拔萝卜。

　　"嗨哟，嗨哟"拔呀拔，还是拔不动。

　　小姑娘喊："小老鼠，小老鼠，快来帮忙拔萝卜！"

　　"唉！来了，来了。"

　　小老鼠拉着小姑娘，小姑娘拉着老婆婆，老婆婆拉着老公公，老公公拉着萝卜叶子，一起拔萝卜。

　　"嗨哟，嗨哟"拔呀拔，终于把萝卜拔出来了。

这个故事情节简单，朗朗上口，很有趣味，这个年龄段的孩子都特别喜欢。在讲故事的同时，家长还可以带着孩子进行简单的表演，或者让孩子唱歌，这样讲、唱、表演都结合在一起。

还有《三只蝴蝶》的故事，家长给孩子讲一两遍，孩子就可以记住了。另外《小熊拔牙》也比较适合这个年龄段的孩子。

从出生到3岁，是对孩子进行情感培养的最好时期，也是孩子语言发育最快的时期。孩子会模仿大人的举止，学大人说话，模仿大人说话的语气，这时候的孩子就像复印机一样，模仿着身边的人。家长在给孩子选故事书的时候，一定注意绘本的品质，不管是从内容上，还是从色彩上都要精挑细选，色彩最好以中间色为好，因为孩子的视神经和脑神经都还没有发育完全。

总之，要选那些简单生动的故事，让这个年龄段的孩子在听了故事之后，还能复述出来，或者和家长分角色讲出来。

5.给4—6岁的孩子足够的想象力和创造力

4岁的孩子注意力逐渐增强，家长可以给孩子讲一些自然界里的故事，比如《蚂蚁搬家》《大雁南飞》《关于鸟的迁徙》《燕子下雨低飞》《老虎捕食》《变色龙伪装换衣服》《小鸟筑巢》《鳄鱼和恶鸟》等等。也可以为孩子选择一些生活故事，比如《玲玲生病了》《东东浪费粮食》《爸爸妈妈旅行的见闻》《哥哥姐姐参加比赛》等等。

孩子在这个年龄段是开发创造力的黄金时期，他们喜欢摆弄研究一些物品，比如他们会把一块小木头，想象成一把小手枪，并且能够和小伙伴儿假设一个情境，比如警察要抓小偷，小偷突然出现，警察立刻掏出自己的小手枪……等到游戏结束，这块小木头可能马上又变成了另外一个东西，也许变成了一个麦克风或者一块蛋糕，等等。

孩子的想象力和创造力是无限的，这个时期可以给孩子讲《精灵鼠小弟》《大象的鼻子为什么这么长》《独来独往的猫》等故事。家长和老师给孩子读故事、讲故事之后，还可以鼓励孩子自己讲故事，或者改编故事的结尾，等等。

五六岁的孩子充满了想象力，并且能够通过实物来完成自己的想象。比如孩子想要一顶皇冠，他会找来一顶帽子，把这个帽子当成他自己的皇冠。他们会玩过家家的游戏，会一起"盖房子"，一起"做饭"，一起"种植物"等等。这个时期可以给孩子多读一些童话故事、神话传奇故事、民间传说故事等。经典童话如《格林童话》《安徒生童话》《一千零一夜》《伊索寓言》等。中国神话故事如《盘古开天辟地》《女娲补天》《后羿射日》《嫦娥奔月》《精卫填海》等，这些故事都极富想象力和创造力。

尤其是我国的一些民间传说故事，往往会给孩子传递一个惩恶扬善的信念，这对孩子来说是非常有意义的。孩子往往从这类故事中学会怎样去分辨是非。家长和老师还要通过故事告诉孩子，善一定能战胜恶！这种信念会埋藏在孩子的心里，带给孩子满足感，让他们对生活充满信心和希望。

童话故事会带给孩子一个梦幻的世界，在这个世界里，主人公往往具备了很多神奇的能量，他们的身上都有魔法，会起死回生。可以说童话故事能带给孩子很多美好的想象，弥补了我们现实世界的缺憾。

6.6—9岁的孩子喜欢更有挑战性的故事

6岁以上的孩子，开始喜欢一些情节复杂、篇幅相对长一些的故事，喜欢更有挑战性的故事，人物之间最好矛盾激烈一些。

这个时期的孩子正处在从读图到读文字的过渡期，早期应该以读图画为主，后期可以选择文字相对多一些的故事。家长和老师可以选择那些故事主题更丰富、内涵更深刻一些的，或者具有一定的科学性和知识性的故事，比如科普故事。

孩子的年龄越小，所选择的故事应该越接近现实生活。家长要充分利用孩子现有的知识和经验，让所选择的故事与孩子之间有一个合适的距离，这样才能真正地吸引孩子，潜移默化地影响孩子，让故事发挥出更大的作用。

7.小雨姐姐推荐的分级阅读书单

这里给大家推荐的书单，主要以绘本为主，年龄只是一个参考，其实绘本是适合0—99岁的。

最近我常去幼儿园讲绘本故事，我感觉绘本中的图画像是一种乐器，文字像另一种乐器，图画和文字合起来组成一个小乐队。有的时候它们演奏的是同一个旋律，同一个声部；有的时候它们分成不同的声部，甚至不同的音符合在一起。比如图画和文字有的时候会有一些小的出入，可能文字讲的并不是图画的表面内容，而是引申的含义，或者是作者创作的一个特别的部分，带给我们的惊喜也是不同的。

在讲绘本的时候，有一点要特别注意。孩子和大人的兴趣点是不同的，孩子拿到一本绘本，首先会看图画，而大人通常是先看文字。在家长和老师讲完故事之后，不妨和孩子交流一下，你会发现，孩子捕捉到了很多你没有注意的细节。比如我去幼儿园给小朋友讲完故事之后，会对小朋友们说："小雨姐姐讲得太匆忙了，有哪位小朋友能够帮我补充一下，刚才我落了哪个部分呢？"孩子们在大屏幕上可以看到图画，这时候就会有孩子举手说："小老鼠后面有一个线团，是红色的，你就没有说。"我说："对呀，你看这个部分小雨姐姐就漏掉了，还有吗？"小朋友就会陆续告诉我很多。

　　这其实也是一种游戏，爸爸妈妈和孩子都参与进来，不管是讲的人还是听的人，都会有一种幸福快乐的感觉。爸爸妈妈大声地、充满爱心地讲着绘本里的故事，要借助自己丰富的人生体验，体会故事当中作者的思想和心情，这样讲出来的故事，可以让文字变得有生命、有温度。

主题	0—2岁	3—6岁	7—10岁
了解情绪，疏导情绪	"兔子小白系列""我的感觉系列"	《我为什么快乐》《今天我是可爱的小傻瓜》《西卡的心情》《一只脾气暴躁的熊》《别让鸽子开巴士》《野兽国》《生气汤》《大卫，不可以》《生气的亚瑟》《菲菲生气了》《我变成一只喷火龙了！》"中国第一套情绪管理图画书"	《眼泪的海洋》"我的小小忧伤""我的感觉（成长版）""儿童情绪管理系列""我长大了"儿童情感启蒙故事
建立信心，相信自己		《小黑鱼》《我喜欢自己》《田鼠阿佛》《鳄鱼哥尼流》《佩泽提诺》《你是谁的老鼠》《我就是我》《你很特别》《世界为谁存在》《大脚丫跳芭蕾》《大英雄威利》《想生金蛋的母鸡》《亚历山大和发条老鼠》"折耳兔瑞奇成长绘本系列""小北极熊"	《原来我这么棒》《孩子，先别急着吃棉花糖》《三角地》《校园男孩系列·奥利弗是个娘娘腔》

续表

主题	0—2岁	3—6岁	7—10岁
了解妈妈	《我妈妈》《妈妈的奶》《你醒了吗？》	《猜猜我有多爱你》《阿尔菲出走记》《冬日午后》《我们的妈妈在哪里》《妈妈的红沙发》《我永远爱你》《让我安静五分钟》《我讨厌妈妈》《我和妈妈》《妈妈，为什么？》《有些时候，我特别喜欢妈妈》	《有一天》《妈妈的心》《第一次我出生的时候》《走出院子的母鸡》《我的妈妈是精灵》
了解爸爸	《我爸爸》《快乐的小熊》"我爱爸爸系列"	《永不疲倦的大熊》《有些时候，我特别喜欢爸爸》《大嗓门爸爸》《一个不能没有礼物的日子》《我的爸爸叫焦尼》《爸爸带我看宇宙》《爸爸，我要月亮》《我和爸爸》"亲爱的大熊爸爸""小熊和最好的爸爸""小熊比尔和大熊爸爸"	《爸爸，你为什么会喜欢我》《熊爸爸的大书》《爸爸，你能听见吗？》《小胡尔达和她的大朋友》《斯洛格的爸爸》《土鸡的冒险》
了解生命	《可爱的身体》《十个手指头，十个脚趾头》	"粉红鱼生命教育系列"《我不知道我是谁》《爷爷有没有穿西装》《我永远爱你》《獾的礼物》《小鲁的池塘》《子儿吐吐》《喂，小蚂蚁》《一粒种子的旅行》《你很特别》《小种子》"我出生的那一天系列"	《一片叶子落下来》《再见了，艾玛奶奶》《第一次我出生的时候》《外公是棵樱桃树》

续表

主题	0—2岁	3—6岁	7—10岁
了解如何面对、疏解害怕和恐惧的情绪	《胆小的老鼠》《鳄鱼怕怕，牙医怕怕》	《胡萝卜怪》《魔奇魔奇树》《讨厌黑暗的席奶奶》《我好担心》《雷公糕》《大黑狗》"大噩梦"系列	《吃掉黑暗的怪兽》《木箱上的小男孩》《肯尼和大怪龙》
了解特殊人群	《嚓-嘭！》	《祝你生日快乐》《一本关于颜色的黑书》《好好爱阿迪》"最特别的关怀系列"	《听见颜色的女孩》《先左脚，再右脚》《假如给我三天光明》《大象男孩和机器女孩》《波拉蔻心灵成长系列·谢谢您，福柯老师》《我的妹妹听不见》《西奥，加油》
摆脱内向、学会勇敢		《哈利海边历险记》《勇敢的艾琳》《味儿》《点》《我的名字叫国王》《小阿力的大学校》《小老鼠亚历山大》《小黑鱼》《鸭子骑车记》"大象小不点""小北极熊"	《勇气》《勇敢者的游戏》《给老虎戴铃铛》《远离芝加哥的地方》
了解创作的乐趣		"阿罗系列""我爱想象""大拇指无字故事书"	《校园男孩系列·美术课》《颜色的战争》《爱写作的铅笔》

续表

主题	0—2岁	3—6岁	7—10岁
了解并珍惜亲情、友情	"亲亲小桃子""小鸡球球生命友情绘本系列""幼幼成长图画书"	《男孩与青蛙》"图书馆老鼠绘本系列"《小狐狸空空和小狸猫冬冬》"艾特熊和赛娜鼠""14只老鼠"《停电以后》《好安静的蟋蟀》《我的爸爸叫焦尼》《不是那样，是这样的》《我喜欢你》《玛德琳》《威利和朋友》"嘟嘟和巴豆"	《爱心树》《园丁》《朋友》《麦基先生》《猴子爱上小白鸽》《芭芭雅嘎奶奶》"超级姥姥和淘气包"《爱——外婆和我》
面对成长	"小鸡球球成长绘本系列""乔比的生活故事""可爱小干""小猫当当""熊多多成长绘本"	"折耳兔瑞奇成长绘本系列""第一次上街买东西""小猫莫格成长系列"《你很快就会长高》"青蛙弗洛格的成长故事""做最好的自己——歪歪兔性格教育系列图画书""小兔汤姆系列"《月光男孩》"大象小不点"	《一年级大个子二年级小个子》《喜地的牙》《蜜蜂玛雅历险记》"甜心小米"
了解男孩和女孩	《可爱的身体》	《纸袋公主》"学会爱自己"《小威向前冲》《身体大发现》《小鸡鸡的故事》《乳房的故事》《顽皮公主不出嫁》	"萨琪性别启蒙桥梁书"《身体有个小秘密》"我的第一套成长秘籍"

续表

主题	0—2岁	3—6岁	7—10岁
了解读书的乐趣	《我喜欢书》	《最想做的事》《谁怕大坏书》《神奇飞书》《我讨厌书》《图书馆狮子》	《米爷爷学认字》《图书馆》《波拉蔻心灵成长系列·三重溪水坝冒险记》
了解与小伙伴一起玩游戏的乐趣	《形状游戏》"小玻翻翻书系列""淘气宝宝系列"《点点点》"婴儿游戏绘本""噼里啪啦立体玩具书""和小鸡球球一起玩"	"马桶小国王"《森林里的躲猫猫大王》《一个星期一的早上》"小巧手游戏书"《戴帽子的猫》《11只猫跑马拉松》	《影子》"小狐狸的故事""淘气狗克劳德""拉塞—玛娅侦探所"
了解与小伙伴相处的道理和方法	"乔比的生活故事"	《我有友情要出租》"托马斯和朋友精装手绘原著珍藏本"《芭蕾舞女孩儿》"青蛙弗洛格的成长故事""花格子大象艾玛""乔治和玛莎"《我真的喜欢你》《亲朋自远方来》"嘟嘟和巴豆""古利和古拉""14只老鼠"	《朋友》"小狐狸奇奇""呼噜哈啦小浣熊"

续表

主题	0—2岁	3—6岁	7—10岁
发挥想象力	《骨碌骨碌骨碌》"宝宝认知藏猫猫""洞洞书""我的奇妙感觉"《圆点》	《小真的长头发》《遮月亮的人》《三只小猪》"燕雀与鸧仔"《100层的房子》"小老鼠无字书"《7号梦工厂》《1999年6月29日》"我爱想象""大拇指无字故事书"《提多坐火车》《太阳风琴》"好饿好饿的毛毛虫""可爱的鼠小弟"《你喜欢》《当我想睡的时候》《月亮的味道》"小毛毛无字故事书""阿罗系列"	"Polo"系列、《狐狸夜游记》"神奇校车""苏斯博士经典绘本"《如果第一眼你没看出来》《ABC之书》《斜坡书》《火箭书》"晴天有时下猪"《蓝熊船长的13条半命》《十四张奇画的十四个故事》"青蛙探长和小狗探员"
了解分享		《手套》《我们的树》"开心的米莉茉莉"《花婆婆》《蚕豆大哥的床》《石头汤》	
了解怎样解决问题		《阿文的小毯子》《哈利的花毛衣》《聪明的小乌龟》"和朋友一起想办法""阿波林的大事件"《三只山羊嘎啦嘎啦》"有办法的福格斯"《爷爷一定有办法》"小熊布迪亲子阅读绘本系列"《约瑟夫有件旧外套》	《公主的月亮》《迟到大王》

主题	0—2岁	3—6岁	7—10岁
了解大自然、爱护环境	《叶子小屋》《神奇的水彩》"和歌山静子植物成长系列"	《和我一起玩》《接着，春天来了》《森林大会》"14只老鼠"《是谁嗯嗯在我的头上》《请让我留在火车上吧》《神奇花园》《小房子》	《是谁唤醒了春姑娘》《黎明》《黎明开始的地方》"小蜗牛自然图画书系"《儿童的季节》《流浪狗之歌》"小小自然图书馆"《一粒种子的旅行》《绿笛》《来来往往》
学会思考	《蜘蛛先生要搬家》"比比看系列"	《莎莎的月光》《十只小鸟过大河》	
了解平等		《世界上最美丽的村子：我的家乡》《诺亚方舟》《嘻哈农场》	《有色人种》

特别惊喜：

　　上述书单中的部分书籍已经录制出了音频，并在持续更新中，您可以扫描右侧二维码获取讲故事音频。

　　听更多故事请扫描封底微信公众号"小雨姐姐"，每天随时听小雨姐姐讲故事。

三 根据孩子的性别选故事

每次我去幼儿园讲故事之前，都会询问一下，是给什么年龄段的孩子讲故事，有多少人，男孩多还是女孩多，等等，因为给小班孩子讲的故事与给大班孩子讲的是不一样的，孩子多与孩子少所讲故事的内容和方式也会有所不同，男孩和女孩喜欢听的故事也有很大差别，所以在了解这些情况的基础上，才能选出最适合孩子的故事。

男孩玩刀枪，女孩抱娃娃，这都是天性使然，所以选故事也要考虑性别问题。比如男孩子喜欢汽车、变形金刚、超人、恐龙类的故事。有个同事家的小男孩，每次见到我的第一句话就是："小雨姐姐，什么时候给我讲恐龙的故事呀？"女孩有她们的生理特点，会比男孩早熟一些，对于情感的要求也会更多一些。女孩一般喜欢洋娃娃、公主裙、小魔仙等。

家长和老师在给孩子选故事的时候，一定要符合孩子的个性，针对不同的孩子，根据他们的性格特点做出合适的选择。如果这个男孩已经很外向了，攻击性强，常常闯祸，对这样的孩子就选平和一些、多些规矩的故事，比如安全类的故事等。如果这个男孩胆子特别小，就要给他选一些勇敢方面的故事。如果你想让女孩做一个小淑女，"玛蒂娜"系列就很好。

女孩	男孩
《玛蒂娜》《小仙女艾丽斯》《小真的长头发》《顽皮公主不出嫁》《大脚丫跳芭蕾》《花婆婆》《玛德琳》《妞妞的鹿角》《纸袋公主》《芭蕾舞女孩》《我的连衣裙》	《恐龙大陆》《你看起来好像很好吃》《轱辘轱辘转》《野兽出没的地方》《千万别去当海盗》《壁橱里的冒险》《小鸡鸡的故事》《爱德华——世界上最恐怖的男孩》《你认识这些车吗》《大卫，不可以》

（四）孩子的性格生病了，喂点故事吧

　　家长和老师如果发现孩子在性格上出现了问题，就要尽早有意识地、有针对性地进行纠正。比如我儿子小时候不爱说话，性格比较内向。我希望儿子能开朗、活泼一些，就在讲故事的时候有意地引导他。比如讲到小松鼠跟它的小伙伴说："伙伴们，我们现在出发吧！"这时候我就会拉着儿子一起跳着、欢呼着："我们出发喽！出发喽！"慢慢地，他学会了大声说话。

　　家长和老师希望本身好动的孩子能安静一些，就可以在讲故事的时候放慢节奏，有意识地加一些这样的句子："别着急，让我再想一想。"这种方法对年龄小一些的孩子效果会更好。

　　教育孩子就像照看小树一样，有的时候需要浇水，有的时候需要施肥，有的时候需要剪掉长歪的枝杈，需要不同的方法，这样小树才能慢慢地长大。我认为讲故事就是一种特别有效的养分，故事选得合适，讲得生动，就可以让孩子在心情愉快的情况下接受这些养分，让这些养分发挥功效。

1."我喜欢自己"——帮孩子摆脱自卑心理

有的家长或者老师，经常会给孩子扣上个"大帽子"，也许是无意的，也许是出于好心。比如说"你怎么这么不听话呀"，或者"你怎么这么不爱说话呀"，"你胆子怎么那么小啊"，"你可真笨呀"类似这样的话。其实孩子的自尊心都很强，可塑性也特别强，不经意给他扣的这个"帽子"，会让孩子下意识地想"原来我胆小"，"原来我不爱说话"，"原来我很笨"，他也许真的就往这方面发展下去了。

家长或老师这样不经意的"大帽子"，会给孩子造成严重的自卑心理。一旦有了这种自卑，想让孩子从里面走出来，是一件不太容易的事。凭我20年讲故事的经验，我认为好的、合适的故事能够完成这个任务。

有一次我去幼儿园讲故事，有一个小朋友一直在教室里面跑，老师说："你怎么那么多动啊！快坐下来，第一排！"这个小朋友特别生气地往那儿一坐，然后就开始搬身边的一把椅子，弄得动静很大，小朋友们都看着他。我当时想，要保证讲故事的顺利进行，就不能让他影响别人。我仔细地观察这个小朋友，发现他也许是那种表面上很淘气，实际上很自卑的孩子，他是在用淘气掩盖自卑。我小声地问了一下他的名字，他告诉我他叫强强。

我开始讲故事了，我把故事里主人公的名字换成了强强，一开始他还在不停地动手边的东西，慢慢地声音越来越小，终于他停止了动作，还偷偷地看了我几眼，再后来他就和其他小朋友一样认真地听，特别安静。我呢，在讲故事时，也会时不时地加入"强强安安静静地坐在那儿"之类的话，其实就是想给他一些暗示。

家长和老师不妨多用从正面暗示的方法鼓励孩子。其实在我们的生活中应该少一些否定，多一些肯定。父母和孩子之间、师生之间、夫妻之间这样的沟通方式都是很有效的。比如有的妈妈会责怪爸爸："你光知道自己忙，你看我多辛苦，家里的事你什么也不管，也不知道陪陪孩子。"说话技巧也是一种艺术，如果妈妈希望爸爸多拿出时间陪孩子，可以换一种方式："你真好，这么忙，还能给宝宝讲故事。"或者说"你这么忙，还能跟他一块儿踢踢球"等等，发现闪光之处，马上给予正面的暗示。爸爸听了也会很高兴，自己只做了这么一点点事情就得到了表扬，就会想着以后再多做一些。对孩子来讲，如果负面的暗示多了，就会给孩子留下阴影，造成心理伤害。

　　一位朋友的孩子在幼儿园里画了一幅画，当时孩子觉得画得挺满意的，但是老师却批评他画得不好，还给了个零分。后来这个孩子就不再喜欢画画了，甚至再也不肯动笔了。在幼儿园里别的小朋友画画时，他宁可坐在那里发呆，也不肯再拿画笔。这位朋友很着急，请我帮忙。

　　我叫上了几个稍微大一点的孩子，在他家里一起做了一个故事接龙游戏。大家一边听我讲故事一边在一张大纸上画。我们一起编了一个《小熊请客》的故事，我先说："今天的天气真好呀，太阳公公在向我们笑呢。"说完我在纸上画了一个微笑的红太阳，我不太会画画，但是为了这个孩子，也大胆地画了出来。我旁边的孩子接着说："草绿绿的，花红红的。"说着他在纸上画了一片草地和花朵。后来轮到孩子的爸爸了，他画了一只小虫子，他的孩子突然说："你画得不对，虫子不是这样的。"我趁机说："爸爸还有画得不对的地方呀？那你去帮他改一下。"这个孩子真的上去画了几下。我马上说："你能重新画一下吗？"这个孩子突然把画笔放下了。游戏继续进行，等轮到这个孩子的时候，他继续编着故事，自然而然地就画了。他画完以后我们大家一起热烈鼓掌，鼓励他。而且轮第二圈的时候，我们请他在画的中央画了一个主题图案。这个故事游戏，其实就相当于一次心理治疗，治愈了之前的事件给孩子带来的伤害，让孩子重新认识了自己，找回了自信。

老师批评这个孩子不会画画，说明孩子的思维很活跃、与众不同，他没按照老师的引导，所以老师觉得不能接受。我认为这个孩子的想象力超越了他的小画笔，越是这样的孩子，家长和老师越要鼓励他，他越容易出成绩。后来这个孩子的妈妈见到我，说那个故事接龙的游戏特别有效，孩子现在国外上高中，还在学校里举办了画展。

2."菲菲生气了"——控制情绪很重要

孩子生下来就会有情绪，小一点儿的孩子常常用哭发泄情绪，大一点的孩子可能会用扔东西的方式来表达愤怒、不高兴等情绪。如果家长和老师不引导他，孩子永远也不会知道该如何控制情绪。当然，引导的方式有很多，您可以直接说："你不可以这样和奶奶说话！"但是这样太生硬了，不如给孩子讲个故事，孩子会很轻松地接受引导。这类故事一定要有情节，比如讲一个更令人生气的事情，故事里的主人公又是怎么化解的等等。孩子听到这个故事之后，遇到问题也会学着去处理。

其实，并不是所有的家长都能处理、管理好自己的情绪。爸爸妈妈在外面不好意思把负面情绪丢给别人，可是回到家里，就免不了会大吐苦水，或者大发脾气，孩子看在眼里，就会形成负面的影响。所以家长和老师要先学会控制好自己的情绪，否则孩子会觉得发脾气是一种解决问题的方法，这对孩子的成长非常不利。

除了讲故事，我们还可以用一些排解情绪的故事游戏。比如让孩子把特别不愉快的事情写或者画在一张纸上，然后把这张纸埋在土里，或者把这张纸撕得碎碎的，放进马桶里冲走，让孩子看到，所有的不愉快都埋掉了，冲走了，没有了，这件事情已经过去了。

3．"我爱美味的朋友们"——怎样才能不挑食

对付孩子们的挑食问题，我之前给小朋友讲故事时用得最多的就是大力水手，人人都知道，大力水手爱吃菠菜。有很多小朋友就是看了大力水手的动画片才开始吃菠菜的，这就是故事的力量和魔力。一个人物，因为他的一些特点，而被孩子们所接受。家长和老师也可以创造出这么一个形象，让这个形象去做对的事情，孩子们就会以此为榜样，而且特别愿意接受这个榜样，这比强调千万遍"这个菠菜有营养，多吃菠菜对身体好"有用得多。

有一次我去一所幼儿园讲课，给我安排的时间是下午3点钟，园长让我先给老师们讲一下讲故事的技巧，之后再给小朋友们讲故事。我到得早了一点，幼儿园老师和我聊天的时候说："小雨姐姐，你知道吗，我们中午吃肉末炒苦瓜，小朋友把肉末吃了，把苦瓜都挑出来了。"我想了一下，临时编了一个《苦瓜大哥》的小故事，下午就讲给这所幼儿园的小朋友听。

苦瓜大哥

作者：小雨姐姐

在一个漂亮的花园旁边，有一个小菜园，里面种着很多很多的蔬菜，他们正在举行选美大会，好多花呀草呀都去观看。

第一个出场的是西红柿妹妹，她圆圆的身子，穿着红色的衣服，一扭一扭地走上舞台，对大家眨眨眼说："大家好，我是西红柿妹妹，我的味道可好了，所有的人都喜欢我，说我是酸酸甜甜的小可爱。"西红柿妹妹说着不好意思地笑了一下，大家都使劲地为她鼓掌。

第二位走出来的是黄瓜小弟，他嫩嫩的、绿绿的，抬头挺胸地站在舞台上："你们好，我是黄瓜小弟，我的味道可好了，所有的人都喜欢我，说我是脆脆好营养的小可爱。"黄瓜小弟的闪亮造型赢得了大家阵阵掌声。

第三位出场的是苦瓜大哥，他飞到了舞台的正中央，清了清嗓子说："大家好，我是苦瓜大哥，我虽然没有漂亮的外表，没有帅气挺拔的身材，但是我有一颗愿意帮助别人的心，虽然我的味道不甜，但是我的营养是丰富的。有的小朋友不喜欢我，这让我很伤心，我愿意成为你们的好朋友，请你们一定要喜欢我！"

正说着，刮起了狂风，下起了暴雨，苦瓜大哥赶紧撑起了一把大伞："西红柿妹妹、黄瓜小弟快过来！"苦瓜大哥为大家遮风挡雨。

没过多久，风停了，雨住了，太阳出来了，大家仍然在苦瓜大哥的大伞底下，他们是在乘凉呢。

苦瓜大哥笑了，他大声地说："我是苦瓜大哥，我愿意和你们成为好朋友，希望你们也喜欢我！"

大家一边鼓掌一边说："我们都喜欢你——苦瓜大哥，苦瓜大哥！苦瓜大哥！"

苦瓜大哥听了开心地笑了，他神秘地告诉大家："在很热很热的时候，请你们对着自己的手背吹三下，呼呼呼，我马上就会知道你热了，会帮你吹风变凉快。"

讲完以后，我对小朋友们说："亲爱的小朋友们，你们知道吗？苦瓜大哥可神奇了，让我们一起对着手背吹三下'呼呼呼'，你马上就会觉得很凉快了，这就是苦瓜大哥的神奇威力。"

小朋友们听了，都往手背上吹气，一边吹一边高兴地笑着。那会儿正是夏天，天很热，往手背上吹气之后有了凉快的感觉，小朋友们当然开心啦，自然也会对"苦瓜大哥"刮目相看。这个故事的效果非常好，让孩子们对"苦瓜大哥"有了莫名的好感。老师后来告诉我，以后每次午饭里有苦瓜的时候，小朋友们都会开心地叫："哎呀，今天苦瓜大哥又来啦！”还会往手背上呼呼呼地吹。

4. "给你一个吧"——好朋友要一起分享

现在的孩子大部分都是独生子女，容易自己独占好东西，如果家长过于溺爱，那么孩子就会成为地地道道的小公主、小皇帝。

有一年夏天，我参加完一个活动回到家里，看见儿子正在吃冰棍，我说："让妈妈咬一口！"我见他不愿意给我吃，就扳过他的手咬了一大口，儿子哇的一下就大哭起来。我一边哄他一边想，这样下去可不行，晚上吃完饭，我就给他讲了一个现编的故事《小松鼠吃松子》，而且，我还给小松鼠起一个和儿子一样的名字。

小松鼠吃松子

作者：小雨姐姐

有一天，小松鼠明明特别特别饿，就来到树下找小松子吃。明明找呀找呀，终于找到了一个大松果。明明正准备美美地大吃一顿，就在这个时候，来了好多小朋友，有小兔子、小浣熊、小鼹鼠，它们都高兴地叫着："明明，明明，我们也想吃。"明明抱着大松果犹豫了一下。"好吧，那就给你一个吧。""也给你一个吧。"明明把松果里的松子分给了小朋友们。分完松子之后，明明想，我还要给妈妈留一个，给爸爸留一个。哎呀，松子都分完了，我没有了，那怎么办呀？

这时候，我儿子小声说："那我下次再吃吧。"孩子的可爱之处就在这里，你不用讲什么大道理，他已经把自己放在那个角色里了，因为他和小松鼠的名字是一样的，他觉得他就是那只小松鼠。那时候我儿子也就三四岁，后来他上高中的时候，有一次朋友送了一大包坚果，我们俩抢着吃松子的时候还提到了这个故事，他居然还记得。这就是故事的魅力！

5."爱的味道"——让孩子感受到爱

我认为对小朋友进行爱的教育是最为重要的。现在的育儿理念也越来越强调家长和孩子之间要经常表达对彼此的爱。可有的家长碍于面子或者其他原因，不会经常表达对孩子的爱。其实，当家长不知道怎样表达爱的时候，也可以用讲故事的形式来表达。比如在讲故事的时候，把孩子搂在怀里，或者拥着他，在故事的适当环节，拍拍孩子的头、摸摸他的肩，当这个动作成为您表达爱的符号时，不用多说，孩子也能感受到您对他的爱。

不只是让孩子感受到爱，让孩子学会爱父母、爱老师也是非常重要的。通过故事，让孩子知道，大人也有无助的时候，爸爸妈妈也会有流泪的时候，不高兴的时候，这些情绪谁都会有，要让孩子学会理解别人。

我很喜欢"小兔汤姆"系列，这套书能够让孩子感受到各种情感和情绪，这对于孩子的情商开发是非常有帮助的。我们给孩子们表演儿童剧的时候经常会说，让孩子高兴地笑很容易，但要让孩子感动得流眼泪，就是一件不容易的事情了，这些对培养孩子健全的情感也非常有帮助。

去幼儿园讲故事的时候，我特别喜欢讲《爱的味道》，讲故事之前我有一个小设计，我会先问大家："亲爱的小朋友们，你们说，爱有味道吗？"孩子们都会说爱没有味道。我的故事就开始了。

爱的味道

作者：小雨姐姐

在一片辽阔的大草原上，有一个快乐的天然牧场，小奶牛健健、康康和爸爸、妈妈、姥姥一起幸福地生活在这里。

这是一个星期六的早晨，小奶牛健健和康康很早就起床了，她们吃过早饭，就开始小声地商量起来。

原来明天就是母亲节了，两个小家伙想送给妈妈一份特别的礼物，让妈妈高兴。

究竟准备什么礼物呢？大蛋糕？不行，那是过生日的时候吃的。画画？不好，因为每年都是画画送给妈妈，今年总要换个新鲜的吧。

康康突然想起了什么，说："妈妈最喜欢鲜花了，咱们采些鲜花送给妈妈，我想她一定会很开心的。"

于是，健健和康康就出去采花了。

快乐的天然牧场美丽极了，蓝蓝的天空中飘着几朵云彩，绿绿的草地上有很多动物在那里嬉戏玩耍。

小熊正在教一群小鸭子唱歌，看见健健和康康走过，就向他们使劲地挥着手："健健、康康，你们去哪儿呀？"

健健和康康也高兴地向小熊挥手："喂，小熊，你好！我们去采花，明天母亲节的时候送给妈妈。"

小熊提高了嗓门："我教你们一首歌，明天可以唱给妈妈听。"

健健和康康互相看了一下，他们都觉得这个主意不错，就留下来向小熊学习唱歌，小熊教他们的歌是《妈妈辛苦了》。"我的好妈妈，下班回到家，工作了一天多么辛苦呀，妈妈妈妈快坐下，请喝一杯茶，让我亲亲你吧，我的好妈妈！"

健健和康康高兴地学着，他们仿佛看到了妈妈听他们唱歌时的开心的样子。

健健和康康告别了小熊和小鸭子们，接着往前走，他们记着妈妈曾经嘱咐过的话：出门走大路，不走小路，注意安全！

健健和康康继续往前走，突然天空电闪雷鸣，眼看就要下雨了，姐妹俩赶紧躲到了树下面。就在这个时候，又一声轰隆隆的雷声响起，雨点落了下来。斑点狗汪汪打着蘑菇伞跑了过来，他拉起健健和康康就跑，一边跑一边对姐妹俩说："打雷的时候不能站在树下面，这样很危险！"

他们一直跑到了汪汪家。雨停了，健健和康康惦记着为妈妈采花的任务，就和汪汪告别，又上路了。

在长尾巴松鼠的帮助下，健健和康康采了一大束五颜六色的花，高高兴兴地回到了家。

奶牛妈妈已经把饭做好了，奶牛爸爸请奶牛姥姥先坐到饭桌旁，奶牛妈妈把好吃的东西一样一样地端了出来。奶牛妈妈看见健健和康康回来了，就督促两个孩子洗手吃饭。两个孩子刚要把花献给妈妈，就在这个时候，一件出乎意料的事情发生了。

只见奶牛妈妈从身后拿出一个漂亮的鲜花花环，双手举着来到奶牛姥姥跟前，奶牛妈妈深情地看着奶牛姥姥："妈妈，今天是母亲节，祝您节日快乐！"说着把花环戴在了奶牛姥姥的头上。

健健和康康看到这一幕感动得流出了眼泪，她们拿出刚刚采来的鲜花，送给了奶牛妈妈，健健和康康不由得唱了起来："妈妈辛苦啦，让我们亲亲您吧，我们的好妈妈！"

一家人开心极了。妈妈擦了擦激动的眼泪说："开饭吧！"

快乐的天然牧场充满着各种好闻的味道，有饭香的味道，有花香的味道，有奶香的味道，还有一种特别的味道。

这时候我会问："亲爱的小朋友们，你们知道牧场里还有什么味道吗？"小朋友们会异口同声地说："爱的味道。"每次听到小朋友们的呼应，我都会觉得心里甜甜的、美美的，因为孩子们懂得了爱的味道。

6．"害怕没什么大不了"——让孩子勇敢起来

我儿子小时候胆子特别大，也很调皮。有一次我带他去游泳池，他从来没有游过泳，看见别人往水里跳，他也抱着一个小板子跳进了水里，眼瞧着就沉底了，好几个人赶快下去把他捞了上来。每天到了晚上他还总想着出去玩，天不怕地不怕的。我可不希望儿子胆子太大，怕他出危险。于是我就给他讲了一个吸血鬼的故事，当时正好还有个和吸血鬼有关的电影，我就带他去看了。

我讲故事从来没失手过，但是这个故事却成了我的反面教材，就好像治病用药时剂量用大了、用猛了，以至于儿子的胆子变得特别小。甚至看到虫子他都会扑到我怀里，尤其是到了晚上就会怕得不行，再也不出去乱跑了。这真是一个很失败的反面例子，在此也提醒家长和老师，在给孩子讲故事的时候，要把握好尺度。后来有一次我去采访齐白石最小的孙女齐慧娟老师，和她说了我的困惑，儿子那么胆小可怎么办呢？

齐慧娟老师告诉我，她的胆子特别大，是因为她妈妈胆子小，她就觉得应该成为妈妈的保护神，所以她的性格像男孩子一样。我在回来的路上想，对呀，我要胆小一些，这样儿子的胆量就会慢慢地变大了。

我让儿子从胆大变成胆小只用了一个故事，而我让他变成一个勇敢的男孩子，却用了两年多的时间。除了受到齐慧娟老师的启发，在儿子面前有意识地示弱，让儿子觉得我需要他的保护之外，我还有意识地选了很多勇敢的男孩子的故事，家里书架上那些有关勇敢的故事书几乎都是在那个时期买的。为了增加针对性，有的时候我还会把几个故事编在一起。

我们要做有心的家长和老师，讲故事前需要琢磨一下，因为您最了解自己孩子的特点。比如我儿子有一段时间特别喜欢黑猫警长，我就以黑猫警长为主人公和他一起续编故事。续编的时候，家长和老师需要把一些孩子喜欢的元素放在一起，把您的那些希望赋予孩子喜欢的那些人物，这是一个不错的方法。

（五）选故事的六大误区

1.不一定获大奖的就是好书，翻译质量也很重要

目前国内引进的外版书越来越多，其中有不少是获过国际大奖的，像国际安徒生奖、美国凯迪克奖、英国凯特·格林纳威奖等等。但翻译不一定也能获奖。好的翻译是可以加分的，不好的翻译会使作品大打折扣。比如有些引进的绘本中，对话混乱，分不清谁说了哪句话，会让家长和孩子产生疑问。

前不久，我应当当网童书频道推广总监李丹老师的邀请，录制了一些绘本故事。当当网副总裁、童书频道主编王悦老师亲自为我选书。可真正录音的时候我才发现，一本获多项国际大奖的绘本翻译得并不好，有些文字只适合看，不适合说，文字中的"他"常常让我停下来分析究竟是指谁，后来王悦老师请出版社重新翻译了这套绘本。

家长和老师应该怎么来分辨绘本究竟好或不好呢？我建议首先要读一遍文字，是要读出声来，而不是默默地看。看是无法知道这个翻译好或不好的，一定要把文字读一下，是不是顺口，是不是读出来会产生迷惑。有的翻译是用词不好，比如有的字音读出来会产生歧义。另外，读出来以后，是不是能马上明白故事里面的人物关系、故事情节，比如有两三个人物的时候，"他说"是否真的能分清是谁在说。读绘本讲故

事的时候一定不要让家长和老师产生迷惑，或者去猜，那样就不对了。

　　如果书很厚，来不及从头到尾读一遍，至少也要读一下第一页和最后一页。

2. 推荐的好故事不一定适合自己的孩子

　　适合的才是最好的，尤其是当孩子在性格上有了一些问题的时候，一定要找到最适合孩子的故事。

　　很多家长是看着排行榜买书，只买推荐的，这样做是很不理智的。就像我们去买化妆品，不一定推荐的就是适合的，我们至少要看是否适合自己的皮肤，如果干性皮肤的人买了油性皮肤用的化妆品，皮肤只会更干。

　　有一些家长，孩子只有两三岁，却要让孩子看五六岁年龄段的书。家长最了解自己的孩子，所以在选故事的时候，一定要用心。

3. 少给6岁前的孩子选带反语的故事

　　不建议在孩子6岁还没有塑造好性格之前，讲那些有很多反语的故事，因为6岁以前的孩子就像白纸一样，他们难以消化那么多东西，也缺少分析判断能力。带反语的绘本，小朋友很容易接受某种暗示。

　　我在参加联合国教科文组织世界大会的时候，和一些专家聊天，探讨各国的儿童教育问题。他们大多也是这个观点，在孩子小的时候，尤其在4岁之前，最好少用"NO"（不）这个词（自身安全教育除外）。但是中国的家长特别爱说，"宝宝，你不要这样。""你怎么还不吃饭呀！""你怎么不睡觉呀！"这种说法其实是不科学的，有的小朋友只注意到了后面的词，而忽略了"不"。就像小朋友刚刚会走路时，家长经常说"别跑"，小朋友只听见了"跑"，而忽略了"别"。正确的口令是"停"。家长可以说："我们现在吃饭吧。""我们现在睡觉吧。"孩子有一个接受的顺序，对孩子来讲，正面的表达会比反着说效果更好。

但是孩子成长过程中也会出现几个叛逆期。你让他做，他偏不做，会反着来。在这个特定阶段，是可以选这样的故事书的，但仅限于这个阶段。

对家长来讲，要有很好的判断能力，自己的孩子到了什么阶段、程度，就去选什么样的故事书。选书就像您给孩子选吃的东西一样，吃不好就容易闹肚子，就会发生问题。

4．故事不一定都是按年龄划分的

不是所有的故事都是按年龄划分的。在挑选故事书的时候，我们经常会看到故事书上有推荐年龄，其实故事，尤其是绘本，有的时候是可以不按年龄划分的。绘本适合0—99岁的人群。

故事不见得全按年龄划分，内容、功能性也很重要。有一些功能性的故事，不是按年龄，而是按孩子犯错误的时机来讲的。而且同一个故事，讲给不同年龄段的孩子，感受也是不一样的。

5．不一定总能找到合适的故事，有时候需要自己改编，甚至创作

生活中，孩子的一举一动，甚至是微小的变化也会引起家长的注意。在孩子出现问题需要故事帮忙的时候，家长未必能很快找得到最适合的故事，有时候需要自己改编，或者自己创作。

　　比如在孩子1岁左右，需要改用水杯喝水的时候，家长可以编一个《水宝宝》的故事。意思是把水宝宝装进肚子里，一起去旅行。水宝宝在我们的肚子里可开心了，它和我们一起晒太阳，一起做游戏，可喜欢你呢！

6.颜色过于鲜艳的图画书不适合年龄小的孩子

　　我们常把眼睛比喻成心灵的窗户，孩子看绘本的时间会比较长，所以书本身的质量也需要家长特别注意。有的绘本外观很漂亮，图画颜色很鲜艳，但会过度刺激视觉神经，伤害孩子的眼睛，容易使孩子产生疲劳感。

　　我们要选画面颜色柔和的，接近自然色的，反光不能太强的绘本。画面不要太细太复杂，文字也不能太小。

　　家长还要注意书的味道，有些有害的物质闻起来会有刺鼻的味道，所以选书的时候可以先闻一闻。图画书最好选用大豆油墨印刷的，印有"中国环境标志"的图书。如果是在网上选书，要先散散味道再给孩子看。

第三章

讲故事之前的准备

　　每个好故事都能传递给孩子一些价值观以及对生活的认知。而每位老师和家长能传递多少是不一样的，这取决于讲故事的方法。

　　想把故事讲好，可不是一件容易的事情，日常生活中我们要有积极的人生态度、细腻的生活情感、丰富的内心体验，这些是每一位家长和老师都应该具备的。一个在生活中麻木不仁、消极冷淡的人，是无法在给孩子讲故事的过程中全身心投入的。

　　生活中有许多事情是可以供我们学习的，我们要学会观察生活，学会欣赏，学会感悟。同时还要注意培养健康的心灵，让内心情感积极主动、充满热情、充满童趣，还要学习一些语言表达的技巧，这样就一定能把故事讲好。家长和老师不要让孩子失去对故事的兴趣，要让孩子对故事永远怀着一份期待。

　　现在，越来越多的家长和老师懂得给孩子讲故事的重要性，愿意给孩子讲故事，可不知道应该如何讲。其实讲故事的第一步是挑选适合孩子的故事，第二步就是做好讲故事前的准备。

在这里我可以和大家分享一个秘密，不管是讲故事的高手，还是写故事的专家，都不会随便拿起一本书就讲给孩子听，都会提前做一些准备，就像老师讲课前需要备课一样。那么，讲故事前需要做哪些准备呢？

一　讲故事也要预习

在选好故事之后，自己至少要先读两遍，要读出声音来。在读的过程中体会故事的风格，熟悉故事的情节以及角色的特点。成年人的记忆力虽然比不了孩子，但是较强的理解力却能弥补一些不足。经过几遍集中精力的诵读，父母可以想象着故事里的画面和色彩，身临其境般地走进故事的世界，似乎闻到花香，听到鸟语。在人物比较多的故事中，要多熟悉人物关系，做到心中有数。

在给孩子讲故事时，只要家长选择了这个故事，不管内容多么幼稚，也要怀着极大的热情和感情去讲，要和孩子一样去相信。拥有了热情才会感受到讲故事的乐趣，充满着感情才会让所讲的故事更有感染力，只有相信了故事里的情节和人物，才会把知识和情感传递给孩子。

二　把握故事的基调和情绪

尽量分析和体会故事的背景、主题、层次、情节和人物，特别要找到故事的高潮部分和人物的语言特征。

儿童故事不像成人故事那么深刻，相对而言还是比较容易分析的，不要有心理负担。如果觉得分析起来比较困难，至少也要确定故事的基调和情绪。比如《皇帝的新装》是一个讽刺、幽默的故事，《卖火柴的小女孩》是一个忧伤、凄婉的故事等等，讲不同故事时的基调和情绪是不一样的。

还要知道这个故事是讲什么的，是保护小动物，培养爱心的，还是像《爱迪生救妈妈》一样的机智故事，启迪智慧的。这样父母在讲的时候可以更好地结合孩子的特点，增加一些和孩子的互动，让这个故事发挥出最大的功效。

在分析时，要知道这个故事一共有几个人物。如果家长希望把故事讲得绘声绘色，还要想好为每个人物找到一种表现方式。比如故事中有三个角色，老虎、狐狸和小山羊，家长可以选三种不同的声音在它们说话的时候表现它们，请注意这种分角色展现声音不要用在叙述过程中。究竟怎样找到合适的角色声音，后面的内容会详细告诉您。

（三）讲故事不只是念故事

讲故事不只是念故事，但是讲故事的第一步，是先要学会大声地念故事。孩子从五六岁开始，有时候会恳求家长一字不错地读故事给自己听，这种情况下是不需要修改故事文字的，只要您读的时候把重音、停顿、语气、感情读出来就算成功了。这种读故事的方式也很好，让孩子对书产生亲近感，为日后自己阅读打下良好的基础。

但对于那些要讲给孩子听的故事，是一定要进行一定程度的修改的，因为对于很多文学作品来说，是让大家阅读的，所以在语言上不够口语化，情节上不够生动，人物不够鲜明，需要我们把它变成可以直接用语言讲出来的故事。

1.把故事改得口语化

很多老师和家长都有这样的经历，有些故事书在看的时候没问题，可讲起来却很拗口，朗读起来不舒服。这可能是因为编写故事的人普通话说得不好，或者不善于把自己的作品念出声来。要知道儿童读物一定要口语化，尤其是婴幼儿读物更需要朗朗上口。口语化是讲故事最基本、最重要的语言要求。

宝宝很小的时候，会把所听到的语言储存在大脑里，然后在不经意间流淌出来。如果他听到的语言有一些不同的说法，就会产生困惑。所以我们在准备故事的时候，要把拗口、不容易明白的词语改过来，比如把"黄昏"改成"天快要黑了"。至少您要想好在说"黄昏"这个词时加上一定的解释，"黄昏就是天快黑了的意思"。

总之，讲故事要多用口语，口语就是生活化的语言，要多用短句、简单句，少用长句子和倒装句。现在大部分父母和老师都会说英语，英语里的倒装句也开始进入到我们的生活中，这就更需要您多加注意，至少在给孩子讲故事的时候少用倒装句。

我们还要根据孩子的特点多用口语词和双音词，少用文言词和单字。因为单字不如双音词响亮、强烈，所以在准备故事的时候，尽可能地多用双音词。比如，"已"改成"已经"，"虽"改成"虽然"等。

如果有拿不准读音的字也要赶紧查一查，不能让孩子从小就接受错误的读音。如果您的普通话不标准，要多查字典，多标注读音。您也可以先听听CD故事，把发音彻底弄清楚。

为了配合情节的发展以及角色的需要，您要适当地增加一些语气词，语气词在讲故事的时候会起到很重要的作用，能让我们的故事语言更生活化，更口语化，更通俗易懂。当然，过多的语气词也会物极必反，有时候用得不恰当，反而会使故事听起来过于琐碎，感觉杂乱无章。

2.调整语序

在书中，我们经常可以看到这样的语序：

"小明，快回家吃饭啦！"妈妈说。

但是在日常生活中，我们不会这样讲话，而是：

妈妈说："小明，快回家吃饭啦！"

父母在给孩子讲故事的时候，如果用那样颠倒的语序，会让孩子感觉很混乱，如果对话较多，甚至会让孩子分不清哪句话是谁说的。所以，在准备故事时，要把语序改成生活化的口语方式。

3.替换"说"

在故事书中我们常常看到"某某说"，在最初我讲故事的时候，也觉得别扭，但就是不知道该怎么改。后来我经常去幼儿园，面对面地给孩子们讲故事，让我多了很多尝试的机会。渐渐地，也找到了很多修改的方法。

（1）多用动作代替"说"

如果故事中连续有若干个"某某说"，请家长先分析人物的特点，尽量用动作代替"说"。

比如原来的文字是：

"你饿了吗？"妈妈说。"饿了，现在吃饭吧！"明明说。

可以改成：

妈妈用柔和的目光看着明明："你饿了吗？"明明使劲地点了点头："嗯！我饿了，妈妈，现在吃饭吧！"

（2）用声音的变化代替"说"

如果是两个角色在对话，而且对话反复出现，父母可以模仿角色的声音。当角色第一次出现的时候，交代一下模仿的是谁，之后全用特定的声音代替"说"，让孩子听到父母模仿的声音就知道是谁在说。

比如原来的文字是：

"狼大哥，你在这儿呀，我可找到你了。"狐狸说。
"你找我什么事？"狼问。
狐狸说："狮子过生日，我叫你一起去祝寿。"
"狮子过生日关我什么事，我不去！"狼不高兴地说。
狐狸狡猾地说："狮子可是咱们的头儿，您不去不合适吧？"

父母讲的时候可以改成：

狐狸高兴地看着狼（可以学着狐狸的腔调，拖着长音，声音靠前一些说）："狼大哥，你在这儿呀，我可找到你了。"

狼疑惑地眨了眨眼睛（可以把语速变得比狐狸快一些，声音靠后一些，粗声粗气地说）："你找我什么事？"

（保持刚才狐狸的声音和语气）"狮子过生日，我叫你一起去祝寿。"

（保持刚才狼的声音和语气）"狮子过生日关我什么事，我不去！"

（继续保持刚才狐狸的声音和语气，把语调变得更狡猾一些）"狮子可是咱们的头儿，你不去不合适吧？"

这样改动之后，会使故事听起来更生动。

4. 替换"他"

故事书中有的地方配合画面以及上下文，我们可以知道"他"是指谁，"他"在做什么，但当父母讲出来时，也许"他"就会出现不明确的现象，在这样的地方，就需要父母特别把"他"换成角色的名字，让孩子一听就能明白是谁在做什么。

5. 变换人称

孩子在五六岁的时候会有一段时间比较自我、封闭，不愿意把心事告诉家长，如果您想了解孩子在幼儿园的情况，或者是老师想了解孩子在家里的情况，都可以用变换人称的方式，先给孩子讲一个"我"的故事。"我"是谁呢？"我"可能是一只小兔子，之后父母可以用小兔子的口气讲述小兔子的故事和心情，再以小兔子的口气问孩子："宝贝，我都把我的故事告诉你了，你也说说你的吧！"孩子是最真诚、最容易受感染的，他自然而然地也会把自己遇到的事情讲给面前这个"小兔子"听。

在准备故事的时候，父母可以试一下如果变换一下角色的人称，是否会收到更好的效果。

6.适当增减

有的故事长度不一定符合您的要求，如果故事太长，父母要想好在哪儿加个"扣子"，留一些悬念，以便下次您能把故事的情节连接上。如果需要一次讲完，就要根据时间删去一些内容；如果故事太短，父母要想好在哪儿多加入一些描述，比如，加一些环境或者人物的心理变化描述，等等。

故事不仅需要有吸引人的情节，更需要细节描写，在修改的时候千万别删掉原来故事中生动的细节。在您讲绘本故事时，要充分利用图画的特点，不能只是讲述文字的部分，还要融入自己的真情和感受，从图画的细节入手。所以讲绘本故事更需要提前准备，因为父母要在孩子看到之前先了解图画内容。在文字方面我相信父母一定比孩子的理解力强，但读起图画来，父母未必能胜过孩子。所以父母更需要提前做好准备，认真地看图画，因为图画上的一草一木、一人一物都在说话。如果是讲无字绘本，就更需要您的想象力，建议您多看几遍。但需要注意的是讲述细节并不等于啰唆。

开始准备故事的时候，父母可以先把要修改的地方标注出来，等斟酌之后，再把故事重新改写一遍，一边改一边出声地讲出来，看是不是能达到预想的效果，其他的地方有没有听起来别扭，或者讲起来拗口的地方。等到慢慢地掌握了修改的这些规律，父母就可以直接把要修改的内容写在文字旁边作为提醒，游刃有余地给孩子讲故事了。

7.审核知识的正确性

在修改的时候请注意不要改变故事的主题，除非是特意要这样做。在修改科学故事、科普故事等知识类故事时要注意多查资料，不要把知识讲错。

有些家长和老师喜欢在讲故事之后让孩子提问，这个做法很好，但家长在讲知识类童话故事时要特别小心，除非已经非常了解这方面的知识，否则不要随意回答孩子的问题，以免把错误的概念传递给孩子。如果要孩子提问，最好请一位专家在现场把关。

（四）讲故事需要设计

为孩子讲故事，不仅是一种娱乐方式，也是一种学习方式，故事中丰富多彩的情节和词汇都会为孩子将来的说话、演讲、写作打基础。孩子通过父母讲的故事，了解到如何使用语言表达情感，如何用词语描述事件。所以父母讲故事的语言要尽可能生动，多准备一些拟声词、动词、形容词，而且在孩子不明白这些词语意思的时候，还要准确、通俗地解释出来。必要时还可以加上您的肢体语言，手舞足蹈，或者调动眼神、眉毛、嘴巴甚至脸上的肌肉来把故事讲得津津有味，这些都需要提前准备。在有准备的基础上，再根据孩子的情况临场发挥。

1.故事的开头和结尾

故事最好能有一个精彩的开头，这样可以更好地吸引孩子的注意力。如果家长不满意故事原本的开头，可以结合生活中的见闻或者根据自己孩子的特点设计一个开头；可以先说一首儿歌，而故事的内容就和这首儿歌有关；如果故事里的主人公是动物，而且能发出声音，家长和老师也可以先请孩子猜这是什么声音，再讲故事；或者先让孩子猜一个谜语，谜底就是接下来要讲的故事里的角色，比如"耳朵像蒲扇，身子像小山，鼻子长又长，帮人把活干"，当孩子猜出谜底是大象时，听故事的兴趣就被激发出来了。不管是什么样的开头，哪怕就是"很久很久以前……"都没关系，只要能充分调动起孩子对故事的兴趣就是好的故事开头。

故事的结尾也很重要，故事的作者往往都很重视结尾部分，不用过多地修改和设计。要注意，结尾的最后一句话讲完了，不要马上从故事中脱离出来，要和孩子沉浸在故事中，用自由的想象和联想，多多感受故事的美妙。

2.不同角色的声音

家长还要根据对不同人物的分析，设计出人物的语气和语态。要用不同的声音特色塑造不同的人物性格。当使用不同声音表现故事中的角色时，您讲的故事会更生动、有趣。另外，分析角色时还要区别角色之间的细微差别。仔细揣摩各个角色不同的性格特征，表现不同的动作、表情、心理、语言特征等。

没有经过声音训练的人至少可以具备三种不同的声音：一种是平时说话的声音，可以在叙述故事的时候使用；一种是发声者让发音位置靠前，就像学孩子说话那样，可以在孩子、小动物说话时使用；还有一种是让声音靠后，就像学大狗熊说话那样，可以在男性或高大威猛、可怕的人物、动物说话时使用，适当地夸张和渲染，会让故事变得更生动。

运用不同的声音说话，这本身就是一种很好玩的游戏，就像我们为动画片配音一样。如果能和孩子经常玩这种"配音"的游戏，会增加孩子学习语言的兴趣。

在准备角色声音环节上需要注意的是，要根据自身的条件，确保同一角色声音符号的一致性，家长所设计的角色声音是要容易掌控的，不能前后不一致。比如故事开始的时候，家长为大灰狼选用粗声粗气的声音，到了后面您嗓子累了，或者把声音角色的事情忘了，当大灰狼出现的时候，家长的声音符号里已经没有了大灰狼的粗声粗气，这样就失去了故事的生动性，甚至让孩子听起来产生疑惑，这还是那只大灰狼在说话吗？

3. 拟声词和音效

如果故事中碰到发出特别音效的地方，比如鸡、狗、猫的叫声，风雨声、火车响的声音等等，要尽量用嘴学出来，一开始也许学得不像，多多练习就会越来越像。孩子特别喜欢不同的声音，这些特别音效的拟声词在孩子听起来就像做游戏一样，家长也可以一边讲一边让孩子学一学这些拟声词。

我有一个特别的经验，就是在准备故事的时候，一定要为突发事件想出一两个拟声词，或者哪里都能用得上的神秘语句，因为听故事的是孩子，他们是最随性、最不受约束的，不管是给一个孩子讲，还是给一个班的孩子，或者是给更多的孩子讲，都有可能出现故事被打断的情况，在这种时候就需要我们的智慧和事前充分的准备了，在孩子突发状况或者打不起精神、走神的时候使用，哪怕一个好玩的拟声词都有可能帮上家长或老师的忙。

4.重音、停顿和节奏

家长要设计好故事中重音和停顿的位置。在重要语句上要做一些重音及停顿的标记。有时因为重音不同，所表达的意思也会不尽相同。这就需要讲故事的人先明白作者的意思，再根据故事的情节和我们对故事的理解设计重音、停顿和节奏。（有关重音和停顿的方法请参考第七章《做个讲故事高手吧》）

5.表情和适当的动作

请家长和老师在讲故事的时候按自己的理解，试着加上一些手势和表情的变化，包括讲到哪里的时候要抬起手做个什么动作，设计的时候不妨对着镜子看一看，是不是到位。当然讲故事不是表演，只不过是要通过手势和表情的变化，增加孩子对故事的理解。哪个地方可以拍拍孩子的肩膀，哪个地方要看着孩子的眼睛讲，等等。因为在讲故事时，家长完全可以把日常生活中希望和孩子达成的默契动作加进去，以增加孩子对此的熟悉度。比如摸摸孩子的头，就是鼓励他的意思，拍拍肩膀就是再试试的意思，等等。

尤其是老师给孩子讲故事时，更要善于运用面部的表情和简单的手势、动作。讲故事要做到神似就可以了，不用形似，不用表演。要学会用眼睛"说话"，用眼睛表达喜、怒、哀、乐，从形式上只做上半身的动作就可以了。要用热情感染孩子，用全身心投入来吸引孩子。

我们要善于用不同的表情和体态（这里不需要过多的动作）表达不同的心情和

故事，但是又不能过于夸张，因为这样容易使孩子注意您的表演而忽略了对图画的欣赏。当然最重要的是用真诚、热情的心去打动孩子。在孩子的世界里，不用很矜持，家长越放得开，孩子越会愿意和家长接近，越会接受家长的教导和所传授的知识。

6.互动环节的设计

在给孩子讲故事的时候，还要根据孩子的年龄和理解力，设计一下在哪些地方可以延伸故事内容，在哪些地方增加提问和互动的环节，在哪些地方可以和孩子一起讨论，并想好一起讨论的方向和希望达到的目标。

如果是想和孩子一起边看书边读故事，还要多注意一下书上的插图，因为当孩子和家长一起看书听故事时，他经常能看到我们成年人忽略的细节，比如一朵小花、一棵小草、一只小蜜蜂等，所以尽量在准备故事时把图画和文字结合起来，家长要看得细一些。

给孩子讲故事的时候，家长和老师要鼓励孩子随时提出问题、随时插话，并积极响应孩子的参与。这说明孩子听进去了，思考了，心理活动处于积极的活动状态，反映了孩子认知过程的变化。家长和老师成功地把讲故事转化成与孩子之间的一种亲子互动、师生互动，不仅有助于培养孩子的专注力和说话的能力，也能为你们之间的情感加温。比如我给小朋友们讲《爱的味道》的时候，就会做出很多设计。小狮子布奇一拉妈妈的手很烫，这时候我会问小朋友："你们知道小布奇的妈妈怎么了吗？"小朋友就会说："发烧了。"小布奇拿出药箱给妈妈找退烧药，如果是给大一点的孩子讲故事，到这里我又会停下来问："小朋友，你知道你们家里的小药箱放在哪里了吗？"好多孩子都会说不知道。这个时候我就会说："今天如果爸爸妈妈在场，你们一定要告诉孩子家里重要的东西放在哪里，我们现在都要有安全意识，家里的备用水、备用食物、手电筒等重要的东西放在哪里都要告诉孩子，以防万一。家里的药箱也一样，常规的医药用品，比如创可贴、退热贴等，一定要让孩子知道放在哪儿，这样万一家里大人不在，或者大人有什么危险，孩子也能及时帮助你。"小布奇给妈妈做三明治的时候，从冰箱里拿出了牛肉。讲到这里我也会停下来问："小朋友们，你们说生的东西从冰箱里拿出来，能直接吃吗？"小朋友会说："不行，得弄熟。""那熟的东西从冰箱里拿出来能直接吃吗？"小朋友也说不行，我又会问："为什么？"小朋友的答案就比较丰富了，怕生病啊，会闹肚子啊，等等。

◆这是小雨姐姐在北海幼儿园给小朋友们讲故事。

所以说故事是可大可小的，这样的互动环节的设计可以让孩子在听故事的同时，学到许多生活中的常识。但是，千万不要用高难度的提问来打断孩子，或者让孩子写个读后感之类的，这种有压力的方式会影响孩子听故事和阅读的积极性。

（五）找到适合的对象感

找好合适的对象感。家长或老师是给谁讲故事呢？是一个孩子，还是几十个孩子？是多大的孩子？要根据孩子的年龄、爱好、心理素质和知识面等不同的情况设定不同的对象感。

给一两个孩子讲故事，要随时注意孩子听故事的反应，家长可以把孩子揽在怀里，或是一起看着图画书，边看边讲。这时要注意书的距离，家长要考虑到保护孩子眼睛的问题，因为如果家长看书距离近了，对于孩子来说，书离眼睛就太近了；如果孩子的距离合适了，家长可能就看不清楚了，所以家长事先准备好了这个书的距离就不是问题了。

给一个班的孩子讲故事时，不仅要亲切、自然，还要声音洪亮，让所有的孩子都听得到。在讲故事的过程中，要照顾到多数孩子的感受，让孩子影响孩子，适当的互动会集中孩子的注意力，但要注意互动的可控性，让每一个孩子都觉得老师是在给自己讲故事。

（六）试讲或背诵

在经过了解、分析、修改、设计之后，老师和父母可以自己先试讲一遍。人们都说自己是自己最好的老师，家长可以用手机或者其他电子产品把自己的声音录下来，当听到自己的录音时就知道问题和不足在哪里了。在试讲的时候要注意自己的眼神和适度的肢体动作。

故事准备到这个程度就可以讲给孩子听了，但对于幼儿园老师和那些对自己要求比较高的父母来说，还可以把故事熟记或者背下来。对于成年人来讲，背诵虽然不是我们的强项，但是我们可以根据自己的理解力去熟记甚至背诵，想象着故事所发生的环境和情节，把自己也想象成故事里的一员。

背诵时，故事的开头和结尾很重要，中间的内容家长可以用自己的话描述。根据我的经验，故事中重要的对话也要记准，因为有些话是故事的核心内容，是作者经过反复琢磨而写出来的，用我们自己的话很难达到作者的效果。

家长或老师对故事越熟悉，讲的时候就会越有自信。随着故事的展开，您可以游刃有余地把想告诉孩子的话巧妙地融入其中。

第四章

怎样讲故事孩子最爱听

一　给不同年龄段的孩子讲故事

　　家长或老师在给孩子讲故事的时候，即使手上拿着图画书，眼睛也要经常看着孩子，和孩子进行目光交流，这一点很重要。

　　很多家长都在纠结给孩子讲故事的时间，从孩子几岁开始就可以给他讲故事了呢？答案很简单：从孩子一出生，还在吃奶阶段，爸爸妈妈就可以开始讲故事了。这时候讲的故事要简短一些，可以是一句话，可以是个歌谣，也可以是日常生活中的事情。您不用做什么准备，把所看到的、听到的、感受到的，或者正在发生的事情讲给孩子就可以了。讲的时候您最好能看着孩子的眼睛，尤其是在孩子醒着的时候，一定要用柔和的、慈爱的目光看着他，轻轻地、慢慢地讲。

1. 给婴儿讲故事

(1) 给刚出生的宝宝讲故事

对于婴儿来说，声音非常有吸引力，要习惯和宝宝说话，为了促进孩子的大脑发育，尽量要面对面地看着他说话。当宝宝睡醒时，用温柔的眼神注视着他。渐渐地宝宝就能认清亲人的脸，每次当你们对视的时候，宝宝都在加深对您的记忆。

在宝宝刚出生时，家长可以反复地做出各种表情，讲这样的故事："宝宝（或者叫孩子的名字），我是妈妈，他是爸爸，我们特别喜欢你，我们等呀等呀，终于把你等来了，我们都很高兴！你也高兴吧？"宝宝很快会感受到与您交流的节奏，会有意识地开始发出声音。

妈妈在哺乳的时候，给宝宝哼唱着儿歌，轻声细语地和他说话，温柔地抚摸着他的头发和身体，这时候您一定要发自内心地、耐心地说，不怕宝宝没反应，就怕您不坚持。您每天都要和孩子说话，每天都要给他讲身边的故事，妈妈在做什么，爸爸在做什么。比如："妈妈在给你换尿布呢，你的尿布湿了，一定不舒服吧？妈妈马上就换好了。""宝宝，你笑起来真好看，妈妈喜欢看你笑，妈妈也在笑，我们一起笑，真棒呀！""妈妈把你的奶瓶放在这里，等你渴了就看看奶瓶，我就知道了。"

如果您经常和孩子说与他有关的话，孩子就会从中了解秩序的概念，以后一旦他渴了就会向那个方向看，看到了放在固定位置的奶瓶，宝宝的心里就会很踏实；反之，如果您没有把奶瓶放回原处，宝宝没有看到，就会大哭。

"妈妈把你的衣服洗干净了，看，放在柜子里了。"

"爸爸出去买菜了，一会儿就回来。"

上面举的例子也许您会觉得太啰唆，认为孩子根本听不懂。其实不然，孩子的耳朵只要是健康的，就会听到周围的声音，包括人声、鸟声、大自然的声音。

爸爸妈妈在和孩子说话时会情不自禁地放慢语速，甚至爸爸也会学着孩子说话的声音和孩子对话，我认为这样做非常好，因为语速变慢，就会把语言中每个元音说得相对清晰一些，这样夸张的说话方式特别有助于孩子辨别不同字词的发音，帮助他对不同的发音进行分类和储存。请注意，在和婴儿期的孩子说话时要提高音调（不是提高音量），最好用拖长元音的夸张方式说话，语速要慢一些。这时候孩子的声带只有成人的四分之一，能发出的声音不多，而跟着爸爸妈妈模仿孩子的语调学说话，对婴儿来说会容易一些。

从孩子呱呱坠地的那一刻开始，面对一个完全陌生的世界，时刻需要大量的安全感。这时候家长在做事情的时候不要默默地做，要说出声来。让孩子充分熟悉家里人的声音和面貌，逐渐形成"家里人""亲人"的概念，熟悉的声音会让他知道爱护自己的人就在附近，会随时保护自己，这些声音就是他的安全保障。孩子也会慢慢体会声音的作用，声音可以是他表达需要、吸引人注意的方法。

孩子在出生的第一年是感受语言和培养与人交流兴趣的关键期。如果您能经常对孩子说话，尤其是讲和他有关的故事，对孩子的语言能力开发帮助很大。

推荐音乐：舒曼的《梦幻曲》、勃拉姆斯的《摇篮曲》。

推荐儿歌：《小星星》。

推荐童谣：

小白兔

小白兔，白又白，

两只耳朵竖起来，

爱吃萝卜爱吃菜，

蹦蹦跳跳真可爱。

小老鼠

小老鼠，上灯台，

偷油吃，下不来。

叫奶奶，奶奶不来，

叽里咕噜滚下来。

小奔儿头

奔儿头，奔儿头，

下雨不发愁，

人家有雨伞，

我有小奔儿头。

（注：奔儿头是北京话，额头的意思。）

这个时候也正适合父母开始练习讲故事，因为孩子不像怀孕期间那样看不见、摸不着，现在孩子就在您的眼前、在您的怀里，您可以看着他、摸着他，轻声地讲，反复地练习。不管您讲什么，怎么讲，水平如何，孩子都不会笑话您。

年轻的爸爸、妈妈，初为人父、人母，一切都要从头学起，讲故事的本领也要从这个时候练习，不能因为没讲过、讲不好而打退堂鼓，这方面我们要向孩子学习，孩子从不会说话、不会走路开始学起，我们的困难应该比不过孩子的。就让我们和孩子一起学习、成长吧。

如今年轻的爸爸妈妈又赶上了"二胎"政策，如果第一个孩子错过了听故事的最佳时期，那么第二个孩子一定要认真对待。当然您也可以为自己赢得重新学讲故事的机会。

亲爱的爸爸妈妈们，加油吧！

小贴士

　　婴幼儿时期最好不要在家里孩子能听到的地方开电视、听广播（轻柔的音乐或者儿歌除外），因为我们的大众媒体没有分级，很多声响和画面都不适合婴幼儿，会损伤孩子的器官，我建议孩子3岁以前不看或者少看电视。婴幼儿更需要在真实的世界中发展自我，让孩子过早地接触电视，除了能让家长轻松一些以外，对孩子是没有什么好处的。

　　还要特别注意，不管您对孩子讲什么话都要轻声细语，即使是爸爸、爷爷、外公也不例外。

(2) 给2—3个月的孩子讲故事

对2—3个月的婴儿，家长要经常和他说话、唱歌，给他听轻柔悦耳的音乐，训练听力，并且要引导孩子多多发出声音。您可以把色彩鲜艳的玩具编成一两句话的故事，慢慢地、反复地讲给孩子听，比如您一边摇着小手鼓一边："宝宝，这是一个小手鼓，你听它的声音多好听呀！它从很远很远的地方来，它来做什么呢？它呀，是来向你问好的（尖声说）：'宝宝（最好叫孩子的名字），你好呀，原来你也在这里呀，我们一起玩吧！'"家长要一边慢慢地说，一边微笑着向孩子点头，要尽量逗孩子微笑，让孩子情绪愉快。

顺便提一下，给孩子起小名的时候，要音节简单，朗朗上口，也便于孩子以后学说自己的名字。

刚出生的婴儿对光感很敏感，家长要让孩子适应自然的光线变化，白天打开窗帘，说："宝宝，天亮了，现在是白天，一会儿太阳公公就会和我们打招呼了。"到了晚上，家长要注意关灯睡觉。

（3）给4—5个月的宝宝讲故事

4—5个月的婴儿，慢慢有了自己做动作的能力，家长除了每天和他说话，还可以让孩子听各种物体发出来的声音，培养孩子对声音的反应，家长完全可以在孩子面前讲一个关于声音的故事。

比如把手边够得着的东西放在一起，拿起铃铛摇一摇，速度很慢地提高音调说："宝宝，我叫小铃铛，我的声音好听吗？"注意摇铃铛的时候要轻轻地摇，别让铃铛的声音太响，以免伤害孩子的耳膜。放下铃铛，拿起一张纸，一边叠（或揉）一边说："宝宝，我叫一张纸，可以写字的纸，我的身体变变变，看看，变小了吧，我的声音好听吗？"……

这个阶段的孩子因为能力有限，只能用耳朵听，用眼睛看，家长和孩子说话的时候，孩子只是个被动的听众，也许没太多反应，此时家长仍然要怀着极大的热情给孩子讲。

（4）给6—7个月的孩子讲故事

6—7个月的婴儿，肢体动作进步很快，家长在给孩子说话或者讲故事的时候，多用温柔的声音表示鼓励，用严肃的表情表示禁止，培养孩子的分辨能力和语言理解能力。在每天的生活中培养孩子对自己名字的反应。

孩子到了6个月左右的时候，可能对把书放进嘴里更感兴趣，当然他同时也在听故事，家长可以用磨牙的玩具转移孩子对咬的兴趣，一如既往地、热情地给孩子讲故事。

家长要选择有彩图的、文字简单的甚至无字书给孩子读，用您自己的语言，有感情地读故事、讲故事。拿着书的时候要让孩子能清楚地看清画面，让孩子玩书，增加孩子对书的亲近感。

（5）给8—9个月的孩子讲故事

对于8—9个月的婴儿，家长可以训练孩子模仿着发出"爸爸""妈妈"的语音。要让孩子逐渐理解家长语言中的意思，引导孩子用语音和动作回答家长的问话，比如先把孩子抱起来，微笑地看着他说："宝宝，下面妈妈给你讲故事好不好？你先帮妈妈找一找，图画书在哪儿呢？指给妈妈看！"

孩子到了8个月，开始喜欢翻书，而不是像以前那样静静地听故事，这时候家长应该顺着孩子的好奇心，随他翻阅，灵活地讲画面上的内容，之后再和孩子一起从头至尾地讲一遍。

这个时期不管讲哪个故事，多加入一些让孩子能参与的环节，比如"小花猫高兴地叫着，喵喵喵，它看见了小狗汪汪，小花猫说'喵喵喵，欢迎你'，宝宝，我们一起欢迎，欢迎……"这时候要让宝宝学会拍手欢迎，摆手再见。"藏猫猫"的游戏也很适合这时候的孩子，可以把故事融入"藏猫猫"的游戏中。

当孩子开始注意大人说话时的嘴唇动作，就说明他学说话的时间到了。

一般孩子9个月左右开始咿咿呀呀学说话，他希望能早日学会和亲人沟通的方式，用语言来表达内心的情感。家长可以放一些轻柔的音乐，说一些节奏轻快、有韵律的儿歌童谣，讲一些简短的故事，稳定孩子的情绪，让他觉得舒服，也让他感受到音韵的美妙。

（6）给10—11个月的孩子讲故事

对于10—11个月的孩子，家长可以运用日常生活中的一切物品，把它们拟人化，编成故事讲给孩子听。在这个时期，训练孩子见到爸爸时叫"爸爸"，见到妈妈时叫"妈妈"，帮助孩子理解某些单词的含义，从而慢慢地愿意模仿各种声音。

家长讲故事的时候，也要多重复，让孩子跟着学习发音，这时候发得准不准不重要，重要的是提高孩子对说话本身的兴趣，家长及周围的人要多鼓励孩子。比如家长把脸上的器官拟人化，让孩子听到故事里的"眼睛、鼻子、嘴巴"这些"人物"时，可以指着自己脸上相应的器官，参与到故事中。

2.给幼儿讲故事

（1）给1岁—1岁3个月的孩子讲故事

1岁—1岁3个月的孩子，基本上可以有意识地叫出"爸爸、妈妈"了，语言上的进步会让家长欣喜若狂，也是对家长所付出努力的回报。为了让孩子学会叫妈妈，您要说上几十次，甚至几百次。随着孩子掌握的词语越来越多，自我表达的能力也越来越强。

这个阶段的孩子在听故事的时候，开始变得喜欢帮您翻页，您可以指着书上的某个画面讲给他听，甚至模仿小动物的声音，让孩子认识书上所介绍的内容。也可以把生活中能接触到的动物和物品名称反复添加进故事中，让孩子熟悉它们的名称，并且要教孩子说自己的名字。

这个年龄段的孩子在学会说"好"之前，一般都先学会说"不"；在学会捡东西之前，孩子一般都先学会扔东西。家长不要着急，这只是这个阶段孩子的特点。家长可以选择一些适合低幼孩子的图画书，比如《我的后面是谁呢》《幸福宝宝益智启蒙绘本》《数一数，亲了几下》，也可以选择一些有美感、有韵律感的作品读给孩子听。

虽然每次孩子听家长讲故事的注意力保持的时间很短，但把每天多次的时间加在一起也是一个很可观的数字。随着孩子渐渐长大，家长只要指着图画书上的某个画面，孩子自然而然就会专心地看。孩子的专注能力就这样逐渐培养起来了。

即使孩子对家长讲的故事无动于衷也不要沮丧，家长和孩子说话时一定要留给孩子回答的时间，即使孩子只是看着您，这个回答的时间也要留出来，这会让孩子逐渐找到对话的感觉，当孩子一旦开口说话时，就会按这样的模式来表达自己。

(2) 给1岁3个月—1岁6个月的孩子讲故事

1岁3个月—1岁6个月的孩子开始对书本和图案产生兴趣，这时候家长就可以和孩子一起读故事了，让孩子看着书上的画面，教他指出书中的图画。让孩子的大脑变得活跃，刺激孩子日后对阅读的浓厚兴趣。家长把图画中的事物与现实中的物品用语言联系起来，比如妈妈把宝宝抱在胸前，和宝宝一边看图画书一边讲："这一天，小白兔回到家，换上了它漂亮的拖鞋。宝宝，请你帮妈妈把拖鞋拿过来。"

这个阶段正是语言敏感期的开始，父母在讲故事的时候，有意识地把两个字组成的习惯用语加在故事里，并且教给孩子。比如"不要""再见"等等。

如果孩子不喜欢父母讲故事，也可以换家里其他成员试一试，或者过段时间再试试。因为这个阶段的孩子开始学走路了，孩子变得一刻都停不下来，家长要巧妙地选择讲故事的时间，不要破坏孩子对周围事物的好奇心。

(3) 给1岁6个月—1岁9个月的孩子讲故事

对1岁6个月—1岁9个月的孩子，家长可以准备积木、画笔之类的"玩具"了，可以一边搭积木，一边听音乐、听故事。家长给孩子看故事情节简单的图画书，指着书上的画面，读着书上的文字，如果书上的文字不多，家长要发挥自己的想象力，根据画面多扩展一些内容，培养和提高孩子的语言能力和想象力。

家长可以反复地给孩子读同一本图画书，并且训练孩子说出画面中的动物和物品的名称，教孩子用动词、名词组成两三个字的句子。比如指着书上的画面问孩子："宝宝，小白兔要喝水了，宝宝是听故事还是去喝水？"

从这时候开始，家长要有意识地为孩子建立"读书角"，在家里设置家长和孩子专门的阅读区域，让孩子有秩序感。如果家里条件有限，实在没有空余的地方，可以为孩子准备一个"阅读椅"，只要一坐在上面，开心的故事之旅就可以开始了，让孩子感受到听故事和阅读的快乐。

（4）给1岁9个月—2岁的孩子讲故事

对1岁9个月—2岁的孩子，家长可以教一些简单的歌谣，比如："小白兔，白又白，两只耳朵竖起来，爱吃萝卜爱吃菜，蹦蹦跳跳真可爱！"家长要注意培养孩子的正确发音，由单词逐步会说三四个字组成的短句，要鼓励孩子重复别人刚说过的话。

家长在给孩子讲故事的时候，可以有意识地选择一些能和孩子互动起来的故事，比如家长指着书上的图画说："小狗汪汪叫。宝宝，小狗怎么叫呀？"鼓励孩子在家长读故事、讲故事的过程中接话。这样可以增加孩子的词汇量，对他的语言发展很有帮助。

家长可以带孩子去图书馆借书，或者去书店买书，要让孩子感到借书、买书就像吃饭一样是生活的一部分。对于孩子喜欢的书，家长要充满热情地满足孩子一遍又一遍听故事的需要。在家长手边没有书的情况下，也可以给孩子讲讲家里的故事、自己小时候的故事。

（5）给2岁—2岁半的孩子讲故事

国际科学界、儿童心理专家等普遍认为孩子从2岁开始进入口头语言发展的关键期，可以说此时孩子语言能力呈爆发性成长，他们学习口语非常快速，而且对学习语言充满了渴望。

家长在讲故事的时候要多启发孩子提出问题，一开始孩子可能不知道该怎么问，家长可以帮助孩子问，比如"小白兔会去哪儿呢？""小女孩为什么会哭呀？她是饿了吗？"等等，之后家长要把这些问题回答出来。慢慢地，孩子也会学着家长的样子提出问题。请家长注意，不管孩子提出什么问题都要鼓励孩子，而且要认真回答孩子的问题。对这个年龄段的孩子，应该注意让孩子发音清晰、用词准确。

家长要创造一切条件让孩子多听——听讲故事专家录制好的带优质配乐的故事，多看——看阅读专家推荐的优质图画书，多说——说孩子能说、能学到的清晰准确的话，多问——问孩子感兴趣的一切问题。

家长不仅自己读故事、讲故事，还可以开始锻炼和孩子一起讲故事。家长先和孩子一起读图画书，然后和孩子一起复述故事，你一句我一句，孩子看着图画，只要能想起来的部分都让孩子来说，想不起来的或者不准确的由家长补充。这样通过讲故事、朗诵歌谣、唱歌、讲述图画等方式来发展孩子的语言能力。

家长在陪孩子玩耍的时候，可以锻炼孩子清楚地说出自己的名字和年龄。这个阶段孩子的语言发展进入到掌握最基本的口语阶段，是语言的飞速发展时期。孩子对听和说有很高的积极性，特别喜欢说话，也爱听家长给自己念儿歌、讲故事，甚至能在家长的帮助下背诵一些简短的诗歌，复述有情节的小故事。

我想提醒家长，在这个阶段注意观察一下孩子的舌头，因为有些孩子说话不清楚是因为舌头的问题，看看孩子的舌头是否能灵活地伸出、卷起，如果不行，就说明是舌系带出了问题，要及时到医院里检查、治疗，争取在孩子学说话前解决问题。

　　(6) 给2岁半—3岁的孩子讲故事

　　对2岁半—3岁的孩子，家长要经常和孩子聊天，教孩子正确运用词语说出比较复杂的句子，鼓励孩子用语言表达出自己的愿望。

　　家长给孩子读故事、讲故事之后，要鼓励孩子讲出故事的简单情节和故事里的主要角色。如果孩子一时说不出来，家长可以说一部分，让孩子补充，然后及时表扬孩子。这种方法可以培养孩子的记忆能力。孩子通过故事情节的描述去体验故事，养成认真倾听的好习惯，塑造真、善、美的良好情感。

　　家长或老师也可以和孩子玩角色扮演的游戏。在这个年龄段，周围的一切都是有生命的，家长可以选几样孩子喜欢的物品和孩子一起编故事、玩"过家家"游戏，多让孩子使用已经掌握的词语说话。

　　家长要在故事中开始有意识地强调角色的性别，比如家长可以说："这只小兔子呀，头上戴着蝴蝶结，多好看呀，和宝宝头上的一样漂亮。这只小白兔是个女孩，宝宝，你是男孩还是女孩呀？"

　　家长还要在故事中教孩子认识"上"和"下"，了解"姓"和"名"的区别。还可以通过图画书中的图画来认识颜色，再延伸到孩子的衣服、用品等生活中的各种颜色。鼓励孩子像故事里的角色那样，简单的事情自己做，比如自己洗手、擦手、系扣子、穿鞋袜等等。

　　在孩子抵触读故事或者听故事时，家长可以用让孩子选择故事的方法，比如对孩子说："宝宝，你是喜欢听《小蝌蚪找妈妈》的故事，还是《三只小猪》的故事？"孩子一般情况下很愿意完成让他选择的游戏，因为这会让孩子感觉自己很重要。而这个年龄段的孩子往往会选择后者，因为前面的也许记不住，家长倾向哪一个，可以把它放在后面。当然这种方法只对一部分孩子有效。

好的故事和图画书是不分国界的，应该多让孩子欣赏一些世界经典故事和图画书，也许孩子不一定马上就喜欢，但家长只要经常在孩子的视线中摊开图画书中最精彩的图画，或者讲一小段故事中最精彩的部分，相信孩子慢慢就会喜欢的。

这个年龄段是培养孩子养成读书习惯的第一个最佳期。孩子爱不爱看书，和父母的表现有直接关系。家里的书多，孩子读得相对就多；家里没什么书，孩子喜欢阅读的可能性就会小。家长不仅自己要当着孩子的面看书、读书，还要舍得给孩子买书。当然家长也可以利用良好的公共资源，到图书馆里为孩子借书。

（7）给3岁—3岁半的孩子讲故事

对3岁—3岁半的孩子，家长在讲故事时，要有意识地让孩子知道方位词的使用，比如"上、下、前、后、远、近"等，教孩子背诵一些简单的儿歌，要让孩子说话时吐字清晰、有语气。

有专家说，孩子创造力的萌芽发生在3岁左右，所以家长要常和孩子一起编故事、画彩笔画、捏泥巴，做这些事情的时候别忘了打开音响，让动听的音乐伴随左右。动听的音乐对发展孩子的创造力很有好处。

在这个年龄段，家长要更用心地给孩子读故事、讲故事，家长在纠正孩子发音的同时，自己一定避免读错音，因为孩子就像复读机一样盯着您的发音呢！

在给孩子读故事、讲故事的过程中，精心地选择好听的音乐，可以先让孩子听一遍音乐，再用作配乐讲故事给孩子听。听完故事之后，再听一遍音乐，培养孩子的音乐感觉和想象力。

家长和老师在给3岁的孩子讲故事时，一定要多用重复的句子。多次重复可以让孩子更容易把握故事内容，加深理解。这个阶段仍然鼓励孩子在听故事之后，复述故事。

　　每个孩子对故事的爱好是不一样的，有些图画书在家长看来很幼稚，但对于孩子来说，却是爱不释手，总是央求家长讲同一个故事。家长可以分析一下原因，是否孩子更喜欢贴近生活、能引起共鸣的图画书。

　　（8）给3岁半—4岁的孩子讲故事

　　对3岁半—4岁的孩子，家长在给孩子讲故事之后，就故事中的人物、地点、情节等向孩子提出一些简单的问题，让孩子开动脑筋回答问题。在故事中，有意识地加入反义词的概念，让孩子理解并学会说反义词，比如男和女、好和坏、尖和钝、软和硬、丑和美、快和慢等等。

　　这个年龄段的孩子遇到自己喜欢的故事时，会让家长反复地读给他听，直到他可以记住故事的每一句话为止。所以在这个阶段，家长不能有丝毫怠慢，哪怕读错一个字或者少念了一句话，孩子都会马上纠正，指出家长的错误。孩子可以凭着记忆，一边翻看图画书，一边把故事讲给周围的人，或者就讲给自己听。

　　家长和老师可以把讲故事作为一种游戏。讲故事的方法有很多，不一定每次都一样。这次按照书里的文字讲，下次就让孩子参与到故事当中，一起玩故事接龙，给孩子想象和发挥的空间。一起讲故事，享受读书的乐趣，让孩子在文学艺术的世界中找到更多的快乐。

　　（9）给4岁—4岁半的孩子讲故事

　　对4岁—4岁半的孩子，家长可以选择一些词汇量丰富的图画书，在讲故事之后，可以和孩子玩一个"有问有答"的游戏，家长问："什么会飞上天？"孩子回答出"鸟、飞机、火箭"等等都算对。家长问"树叶都有什么颜色"等等问题，让孩子学会思考。这个年龄段的孩子已经可以复述出故事的基本内容了，家长要启发孩子多问问题。有的孩子不愿意回答家长的提问，不想或不愿说听了故事之后的感想，家长也不要灰心，只要孩子能够复述故事，就说明故事的内容已经印在他的脑海里了，只要孩子愿意听故事，愿意和家长、老师一起读图画书，就是成功的。

在口语练习中，家长要鼓励孩子多讲述在幼儿园里的事情，讲其他小朋友的事情。如果孩子一开始不想或者不愿意说，家长可以用交换故事的方式，先向孩子讲一个自己在工作单位发生的事情，再让孩子讲；或者也可以以一个小动物的身份讲自己的故事来交换孩子的故事。

这个阶段的孩子已经掌握了很多词语，在闲暇时间，比如等车、等人、坐车等时间，家长可以和孩子玩接词游戏，周围熟悉的人一起做也可以，比如"蓝天——天空——空气——气球"等等，既有趣，又可以帮助孩子整理已经掌握的词语。

（10）给4岁半—5岁的孩子讲故事

对4岁半—5岁的孩子，家长可以让孩子"看图说话"，让孩子在家长的提示下，看着图画编故事、讲完整的故事。

这个年龄段的孩子喜欢说悄悄话，喜欢小秘密，经常会沉浸在使用语言的乐趣之中。家长要耐心地准备迎接孩子提出的无数个为什么，聪明的家长可以根据孩子的好奇心，和孩子一起编故事、表演故事。

让孩子从故事和大自然中了解动物、植物、食物和衣物的定义，并且能够举出相应的例子。在孩子情绪好的时候一起挑选适合故事的音乐，让孩子掌握音乐的节奏。在编故事和讲故事的时候，家长可以向孩子提出"怎样"的问题，比如"小狗怎样表示它现在很高兴？""芳芳怎样刷牙？"等等。

家长和老师在给这个年龄段的孩子讲故事时，尽量要让自己的声音、语调有变化，声音的变化是为了营造气氛，吸引孩子的注意，变化的声音还会让孩子的精神为之一振。

这个年龄段的孩子还不识字，在家长或老师讲故事时，孩子是在读图画，图画里也都是语言。孩子一边读着图画中的语言，一边用耳朵听文字，听和看同时进行，这是自己一个人读故事所做不到的。如果自己读，首先要读文字，然后看图画，或者是看过图画以后再读文字，不可能文字和图画同时进行。但是孩子在家长或老师讲故事时却可以做到，将耳朵听到的文字语言世界和眼睛看到的图画语言世界合在一起。孩子看到画面上的东西是静止的，但是孩子心中看到的图画却是动态的，让这图画动起来的就是孩子用耳朵所听见的文字语言，而图画也使文字语言生动的叙述成为直觉形象，孩子通过自身的力量让图画书展开了故事的世界。所以这个阶段给孩子读图画书非常重要。

（11）给5岁—5岁半的孩子讲故事

5岁—5岁半的孩子，喜欢听故事达到了顶峰。家长在给孩子读故事、讲故事之后，要让孩子和自己一起讲故事，和孩子一起分角色扮演讲故事，培养孩子朗诵、讲故事的能力。拿一些同类的东西拟人化编故事，培养孩子的抽象思维能力。比如拿苹果和香蕉做主人公编一个故事，找出相同点和不同点。家长和孩子可以经常玩"互问为什么"的游戏，增强孩子的推理能力，丰富孩子的知识。比如："我们为什么要吃饭？""衣服上为什么需要纽扣？""饭后为什么要刷碗？"让孩子能流利地说出自己家里的地址、家里的成员，等等。

老师给这个年龄段的孩子讲故事，可以选择一些情节热闹、互动性强的故事，比如"11只猫"系列，讲完还可以请小朋友们把故事分角色表演出来。

如果孩子对家长提供的图画书不感兴趣，您一定不能上纲上线地说孩子不喜欢看书、不喜欢阅读。家长和老师都不要强迫孩子阅读，您可以先和孩子一起布置一个温馨舒适的读书角，书架上放好孩子喜欢的和您给他买好的书，从孩子喜欢的图画书入手，和孩子一起读，给他讲各类型的故事，从中找到孩子的兴趣点。即使孩子只看图，不太注意看文字也没有关系，因为图画书就是家长和老师读给孩子听的，图画本身也是一种语言。孩子看图画，读图画，同时也用耳朵听家长或老师讲的语言，这两种语言同时融入孩子的心中，形成他们内心的故事世界。

（12）给5岁半—6岁的孩子讲故事

对5岁半—6岁的孩子，家长依然一如既往地给孩子讲故事，之后要让孩子学会看图说话，而且要有对图中细节的描述。在说话或者讲故事的时候，学会用"一只""一个""一张"等量词。对这个年龄段的孩子，要多提问题让孩子回答，发展孩子的想象力和思维能力。

这个年龄段的孩子非常喜欢阅读，而且喜欢自己和自己说话，有时没完没了，家长要根据孩子的特点，让孩子编一些自己感兴趣的故事，家长可以把孩子的创作录下来，也许还是非常不错的作品呢！

这个时期的孩子不是单纯地在学语言、背语言，而是在消化语言、吸收语言，把语言变成一种乐趣，一种能力，一种营养。当孩子听着身边的家长读故事的时候，声音和画面有机地结合在一起，声音使画面鲜活了起来，这就是想象。随着日复一日的亲子共读，孩子可以随着书页的翻动，一字不差地随口说出那一页的文字，这足以说明，孩子已经把语言文字消化了。亲子共读不单单是哄孩子、学知识，更是一种家庭文化，是维系家庭亲情关系的方式。

这个时期的孩子是语音发展的关键年龄，家长和老师要多让孩子在自然的状态下感知正确的语音，对孩子的错误语音不要重复，也不宜反复纠正，而应在讲故事中有意识地多用到这个语音正确的读音，让孩子在轻松自然的状态下纠正错音。

　　随着孩子慢慢长大，家长要引导孩子用自然的声音轻声说话。在中国台湾地区的幼儿园和小学都有轻声说话课，主要是保护孩子的发音器官和听觉器官，同时也是培养良好教养的方式。

　　很多专家都认为6岁以前的孩子不宜认字，当然如果孩子自己不经意地认识了一些字，也没有关系，顺其自然即可。家长和老师应该更多地和孩子对话，提高他的词汇量。优秀的图画书和故事里的文字都是经过作者和编辑反复斟酌推敲的，多把这些好文字读给孩子听，也是提高孩子口语能力的好方法。

　　要让孩子有自己的阅读空间，让孩子感觉到自己在精神上的"富有"，培养孩子与书的亲近关系。当然，家长也要经常带孩子去图书馆和书店阅读、购买图书，让孩子真正与书交上朋友。

　　一本好书会改变一个孩子的一生，一本坏书也会毁了孩子的一生。为孩子挑选图书的时候，可以把孩子带上，让孩子在书店里看看大家是如何选择的。一般来说，选书的时候应该先读一读书前或书后的内容提要，从而了解这本书是否适合孩子的年龄，是否符合孩子的兴趣。再看一下目录，判断一下孩子是否能读懂，最后再决定是否购买这本书。如果是图画书，要看一看画面的色彩以及文字质量，最好提前在网上看看专家推荐和其他家长的评价。究竟哪本书更适合您的孩子，还是要您自己拿主意，毕竟您最了解您的孩子，其他人的意见只能做参考。

3.给少儿讲故事

　　（1）给7—8岁的孩子讲故事

　　7—8岁的孩子，开始使用大量的修饰性词语，语言变得很生动，表达能力也非常精准流畅。这个时期的孩子虽然可以自己阅读一些带拼音的图书，但依然爱听家长讲故事。家长要依照孩子的意愿给他讲故事。也许这个年龄段的孩子早已经不满足只听父母讲故事，自己也会跃跃欲试，有强烈的愿望自己讲故事。当然有的孩子只敢在家人面前讲故事，不敢当众说话，这就需要家长为孩子创造更多的机会站在众人面前表演。

不管孩子对哪方面的书感兴趣，家长都要无条件地支持孩子，要知道这个时期的孩子就像海绵一样，对很多事情感兴趣，也许其中就包括了长大以后的职业方向。建议孩子从这个年龄段开始学习一些语言艺术的技巧，可以按照孩子的兴趣报名参加一些兴趣班，比如讲故事、朗诵、配音、演讲等等。

这个年龄段的孩子，依然需要睡前故事。如果家长和孩子能一直保留对睡前故事的仪式感，那么孩子就会一直受益。当然，家长可以随着孩子年龄的增长，增加一些聊天的环节，对减少孩子的心理压力、解决孩子的心理问题极有好处。

这个年龄段的孩子被说成是"人嫌狗不待见"，总会做出一些让家长、老师头疼的事情。如果老师讲故事时孩子们打打闹闹停不下来该怎么办呢？您可以采取由近及远的方法，和前面的孩子说些好玩、有趣的事情，让孩子们鼓掌，后面打闹的孩子好奇前面的掌声，自然就会停下来看，这时候您就可以切入主题，开始讲您准备好的故事了。我在幼儿园也尝试过唱歌的方法，也很有效。

（2）给9—12岁的孩子讲故事

这个年龄段的孩子已经可以自主阅读了，如果从小养成全家人一起分享故事的习惯，那么到了这个年龄段，可以全家人轮流讲故事，交换各自的阅读心得，分享自己读到的好故事。

家长可以帮助孩子找到世界名篇、名著，不管是文字版或是声音版都好，在不方便看的时候可以听，等有时间了再看书，经典的东西不怕多接触。家长也可以引导孩子多方面地了解广阔的世界，多层次、多角度地为孩子准备各类不同的书籍。为了让孩子保持阅读兴趣和热情，家长可以有意识地指导孩子掌握一些常用的阅读方法，比如精读、略读、跳读、朗读、默读。也可以让孩子经常在家里朗读故事给大家听，之后家长做什么呢？当然是热烈鼓掌！

　　每个孩子的成长环境和成长经历是不同的，语言的成长期也各不相同，家长和老师要根据自己孩子的情况，采用不同的方法读故事、讲故事，让孩子在家长或老师的讲述中感受到爱。

　　当孩子还是婴儿的时候，请为他读您最喜欢的诗歌、散文，唱您最熟悉的儿歌，讲您认为最精彩的小故事。

　　当孩子是孩童的时候，请给他讲睡前故事，为他朗读童话。

　　当孩子开始对阅读感兴趣的时候，请您把他搂在怀里，互相依偎着一起读图画书。

　　当孩子可以自己阅读之后，你们各拿一本书，在同一个房间里看书。

　　当孩子和您谈论某本书的时候，如果您没看过，请先找来看一看，然后听孩子说一说。

　　当孩子高兴地要读给您听时，请您放下手里的一切，认真听，而且要做出理解后的反应。

二 让故事在世界名曲中流淌——配乐讲故事

音乐是上天送给人类的最伟大的礼物，只有音乐能够说明安静和静穆。

——柴可夫斯基

在我为小朋友讲故事的20年中，绝大部分的故事是使用配乐的。如果是安徒生童话、格林童话、伊索寓言等外国作品我会使用世界经典名曲配乐，如果是中华美德故事、中国古代故事、中国神话故事等我会用中国古曲配乐。

我从小就喜欢唱歌、跳舞，对音乐有着特别的亲近感，可以说我的生活中不能没有音乐的陪伴，没有音乐的生活是无法想象的。我在给小朋友讲故事的过程中，也愿意把我对音乐的热爱和感受传递给孩子们，让音乐成为孩子们生活的一部分。当孤独的时候，用音乐排解寂寞；当快乐的时候，用音乐抒发情怀！

一直有家长问我，你为什么想用古典音乐来为故事配乐呢？这是因为我从小就很喜欢古典音乐，但是我儿子不喜欢，那是他刚1岁多的时候，我在家里听古典音乐，儿子就是不让我听，我一打开音乐，他要么马上跑开，要么就很生气地直接给关掉。从那时起我开始尝试听着古典音乐给他讲故事，他听我讲故事也就不闹着关音乐了。渐渐地我觉得这真是个好办法，反正他也要听故事，无形当中把古典音乐也听了，以后至少混个耳熟。

等到后来我真正去做了少儿节目主持人，开始给小朋友讲故事的时候，我就采用了这种方法。可以说从我讲故事的第一天开始，我就用古典音乐作为配乐，如果是中国传统的故事，我就用中国古曲，用那些孩子们也许生活当中听不到的，但绝对是动听的音乐。虽然孩子们可能暂时不喜欢，或者暂时听不懂，但是一定要让他听到，这样就很容易在不知不觉当中接受了。后来我儿子特别喜欢音乐，从小学钢琴、萨克斯，还在人民大会堂等很多剧场演出，到初中的时候又学吉他。他现在特别喜欢古典音乐，我觉得这和我长期的熏陶分不开。

　　音乐也许可以帮你和孩子一个大忙。我儿子青春期的时候，他经常弹莫扎特的很多小曲子，来抒发自己的情绪，而不是把青春期的乱七八糟的烦恼推给我们，所以他很少和家人顶撞，我觉得这就是音乐的力量，让他有平息情绪的途径，化解青春的躁动。音乐帮了我们家一个大忙。

有一位小听众，她现在都已经当妈妈了，她说小时候听我讲安徒生童话，对伴奏音乐印象很深。以后每次听到那首曲子，就会想起那个故事。我觉得有的时候音乐更容易让孩子记住吧。每个人对音乐的理解是不一样的，音乐也会赋予故事一个永久的记忆，以后孩子再听到音乐的时候，他就会自然而然地想到这个故事；或者说他想到这个故事时，也会联想到这首乐曲。而且音乐是可以开发孩子智力的，故事和音乐是相辅相成的。

1.音乐的作用

目前一般认为，大脑左半球在完成语言表达、数学运算和推理思维等方面起主导作用，而右半脑在空间知觉、触觉、音乐、绘画和雕刻等艺术活动方面更具优势。

由于每个人先天遗传不同，所以人的思维能力具有与生俱来的差异。但无论如何，大脑思维能力的形成和发展在很大程度上要靠后天的学习和训练。如果儿童时期就对孩子进行包括音乐在内的各种训练，不仅能提升他们的乐感，而且会有益于他们的运动控制、记忆能力和思维发展，促使脑功能得到更大的开发。

音乐还能够让孩子感受到一种深深的爱，让孩子充满欢乐。这种情绪会促使孩子的神经系统得到更好的发育，调节血流量和神经系统的活动功能，有利于孩子的记忆、理解、想象、思维、创造力等各种能力的发展。音乐能带给孩子美感的熏陶，也为孩子将来学习乐器奠定了基础。

孩子对于音乐的兴趣是与生俱来的，在音乐的三大元素——节奏、旋律、和声中，人们对节奏的敏感性是最基本的生理特征之一。1岁左右的孩子就可以跟着节奏摇摆身体，脸上露出愉快的神情，手上也会随着节拍敲敲打打。悦耳动听的音乐不仅能够调节孩子的生理节奏和情绪，陶冶性格，还能丰富孩子的想象力，启迪创造力。

　　科学证实音乐对于减轻疼痛、治疗精神疾病有很大的作用。音乐就如同一位出色的疗伤专家，发掘我们的潜意识，让我们清楚地看见自己的内心世界。古希腊人说，音乐可以将人们内心世界各种隐秘的情感紧密相连。经常接触音乐的孩子一般都会性情开朗活泼、乐观大方。

　　音乐是声音的艺术，蕴含着无穷的意义，它会在想象力、逻辑思维能力、跳跃性思维等方面为孩子提供无限的空间。孩子可以根据自己的想象来诠释音乐。常听音乐的孩子会更早地学会理性思考，会以从容乐观的态度面对未来的机遇与挑战。受过音乐训练的孩子更善于感知他人的情绪！

2.听音乐的时间

　　经常有家长问我这个问题，到底让孩子从几岁开始听音乐最合适呢？答案很简单，从孩子一出生就可以让他听音乐，当然是听轻柔、优美、明快、健康的音乐，为孩子右脑的发育补充特殊的营养。随着孩子慢慢长大，音乐的内容可以广泛一些，经典的古典音乐、轻音乐都是不错的选择。

　　孩子起床、吃饭、阅读、游戏、入睡前都是听音乐的好时间。而最容易坚持下来的是在孩子听故事的时候播放音乐，使其作为背景音乐出现。

　　孩子不可能一整天都在听音乐，那样会导致听觉疲劳，对音乐感到麻木甚至厌烦。让孩子在听故事的时候听音乐，有助于孩子对故事的理解，对故事情感的宣泄。在音乐的伴随下讲故事，也会让家长更容易掌握节奏。

　　在给家长和幼儿园老师辅导讲故事技巧的时候，我经常会发现有的家长、老师讲起故事来没有停顿，故事越讲越快，什么时候气息不够了，才停一下吸一口气，然后又快速地讲下去，直到下一个气息点。其实解决这个问题最好的方法就是配乐讲故事。先根据故事的情节找好合适的音乐，之后随着音乐的流淌，讲故事的语速自然而然地就会降下来。

家长要有意识地为孩子营造一个音乐的环境，这不仅需要音乐本身，也需要音乐设备和共同感受音乐的人。如果家长想让孩子获得幸福，就让孩子从小接受音乐的熏陶吧。

3.根据故事选择音乐

我国古代儒家就要求学生掌握六种基本才能，也就是六艺——礼、乐、射、御、书、数，音乐被排在第二位。儒家思想的代表人物，著名思想家、教育家孔子是非常重视音乐教育的，他将乐分为三个层次：声、音、乐。

"声"就是大自然的声音，比如风声、雨声、电闪雷鸣、小鸟的叫声、人声、东西落地的声音等等。《乐记》写到，"凡音之起，由人心生也。人心之动，物使之然也，感于物而后动，故形于声"。

从"声"再上升一个层次到"音"，音可以把自己的七情六欲、喜怒哀乐等情感表现出来，抒发出来。《乐记》中说"声相应，故生变，变成方，谓之音"。

音乐中的最高层次就是"乐"，《乐记》中说："比音而乐之，及干戚羽旄，谓之乐。""凡音者，生人心者也。情动于中，故形于声，声成文，谓之音。"它肯定了音乐是表达感情的艺术，表达人的内心世界，揭示人的精神状态。它又是声音的艺术，由自然形态的声音变为艺术形态的音乐。

"夫乐者，乐也，人情之所不能免也。"意思是音乐可以让人产生愉悦的感受，是人类生活所不可缺少的。"德音之为乐"，孔子认为只是把自己的七情六欲表现出来，那是"音"，而能够中和人的性情，陶冶人的情操，净化人的心灵，熏陶人的德行，让人的内心保持一种中正、平和、幸福的状态，也就是我们现在所说的身心和谐，这时候才能被称为"乐"。

但并不是说古典的就是适合孩子听的。现在我们能听到很多古典音乐，比如贝多芬的《命运交响曲》是非常著名的音乐，但里面有愤怒、激昂等激烈的情绪，让人听起来过于激愤，这在孔子看来就不能称为"乐"，因为它不会让人的性情中正。也就是说让人过于愤怒、过于忧伤，哪怕过于高兴的都不能称为乐。再比如一些抒情的音乐，虽然听起来特别好听，但会让人进入一种忧郁、伤感的状态，听了会产生负面的情绪，而不是产生乐观、积极向上的情绪，就算它的艺术水平再高，也只能被称为"音"。这就是中国儒家思想界定的"音"和"乐"的不同。

了解了上面的内容，我们就知道该为孩子选择什么样的音乐了，我们应该让孩子多听被称为"乐"的音乐。比如《小燕子》，它虽然是一首儿歌，算不上古典名曲，但它包含了一种精神力量，让孩子听起来有一种幸福感，内心很温暖、平和、中正。

为儿童选择音乐的标准，就是要选择那些能够熏陶德行，净化心灵，听起来愉悦、温暖有幸福感的，能够疏导孩子心性的音乐。

在孩子3岁以前，避免让孩子听强弱变化太大、太容易让人激动的交响乐、协奏曲，以免造成情绪紧张。这也是我不主张3岁前的孩子去剧场看演出（包括儿童剧）的原因之一，因为演出很少考虑到婴幼儿的适应能力。

4.小雨姐姐推荐的音乐曲单

需要说明的是，这些音乐作品都是我在讲故事中使用过的，而且适合在不用随时调节音量的条件下使用。因为所用版本不同，曲调风格会出现一些差别，请家长和老师在使用时一定要先听一遍，再根据所用版本的风格决定是否适用于您准备讲的故事。特别说明：绝对不要让孩子听声音质量差的音乐，即使音乐再好、版本再难得也不要，孩子的听力一旦受伤，是不可逆的。

音乐名称	作曲家	特 点
摇篮曲	勃拉姆斯	让孩子舒缓情绪，并适用于1岁前孩子的睡前故事。
摇篮曲	莫扎特	让孩子舒缓情绪，并适用于1岁以上孩子的睡前故事。
梦幻曲	舒曼	曲调舒缓，适用于睡前故事。也适合情景再现，激发孩子的想象力。
童年情景	舒曼	舒缓情绪，适用于5岁以上儿童的睡前故事，并可用于富于启发性、想象性的亲子故事。
致克罗埃（器乐）	莫扎特	曲调欢快、活泼、向上、有画面感，可激发孩子的想象力。
小夜曲（K525）第一乐章：快板	莫扎特	节奏感强，有悬念感，可激发孩子的好奇心。
土耳其小夜曲	莫扎特	曲调活泼、有跳跃感，适合故事性强的绘本故事和讲故事之后的角色扮演游戏。可以让内向的孩子多听此类的音乐。
艾维拉·麦迪根爱情曲	莫扎特	曲调抒情、柔美，适用于与大自然有关的故事。可激发孩子热爱田园的情感。
F大调钢琴奏鸣曲：柔板	莫扎特	曲调舒缓，可用于娓娓道来式的故事，或者以第一人称讲述的诉说性的故事。

续表

音乐名称	作曲家	特　点
D大调庄严弥撒：圣哉经	贝多芬	曲调舒缓，适用于情感类的故事，比如讲母爱等。
G大调小步舞曲	贝多芬	曲调舒缓，适用于叙事类的、成长类的故事。
曼陀林与钢琴的小品曲：C大调小奏鸣曲，快板	贝多芬	曲调欢快，适用于主人公性格顽皮、快乐玩耍的故事，也可以作为讲故事后的表演故事、口演故事、游戏故事等环节的配乐。
G大调双曼陀林协奏曲：快板	维瓦尔第	曲调欢快，适用于快乐主题的故事。
C大调曼陀林协奏曲：快板	维瓦尔第	曲调欢快，适用于快乐主题的故事。也可用于讲故事以后请孩子复述故事的背景音乐。
序曲（选自《软梯》）	罗西尼	节奏变化很大，适用于情节生动、曲折的故事。
威廉·退尔序曲	罗西尼	一听到这段音乐，就会联想到一群飞驰的骑兵。适用于大一些的孩子，激发孩子的勇敢精神。
幻想即兴曲	肖邦	开头和结尾部分节奏快，中间部分节奏慢，选择类似的故事，会起到非常好的烘托故事的作用。
音乐的瞬间	舒伯特	轻快活泼的民间舞曲风格，跳跃性曲调，适用于小动物故事或者行进动作多的故事，也可以在孩子刚起床时伴随式欣赏，憧憬美好的一天。
四季：春	维瓦尔第	轻快的旋律，给人以生机勃发的愉悦感，适用于春天主题或是大自然主题的故事。

续表

音乐名称	作曲家	特　点
快乐的农夫	舒曼	曲调平缓，舞步式节奏，适用于节奏慢或者角色行动慢的故事，比如乌龟的故事等。
野蜂飞舞	里姆斯·科萨科夫	节奏快，画面感强，用于节奏快的或是角色心里着急的故事，特别注意不一定适合蜜蜂的故事，另外在孩子心理浮躁时不要听，否则会加重浮躁情绪。
蓝色多瑙河	约翰·施特劳斯	用于5岁以上孩子，尤其要注意的是在无法随时控制音量的情况下小心使用。
小狗圆舞曲	肖邦	运动感强，适用于节奏感强的故事，可以激发孩子的想象力。
鳟鱼变奏曲	舒伯特	曲调舒缓，叙事感强，适用于年龄小的孩子，可以激发孩子的想象力，在使用时注意故事中间的停顿，多留给孩子想象的空间。比如用于《豌豆上的公主》配乐。
欢乐颂	贝多芬	气势恢宏，适用于积极向上的故事，可以激发孩子的创造力。
G弦上的咏叹调	巴赫	曲调哀婉，适用于结尾是悲剧的故事，比如非常适合为《卖火柴的小女孩》配乐，也用于宣泄、疏解情绪。
小星星变奏曲	莫扎特	充满了想象，非常适合年龄小的孩子，不只是讲故事时可以用于配乐，也适合做游戏音乐。特别适合做讲睡前故事时的仪式音乐。
幽默曲	德沃夏克	曲调活泼、跳跃，适用于重复性动作比较多的故事，也适合游戏时使用。

续表

音乐名称	作曲家	特 点
f小调钢琴奏鸣曲（热情，作品57）第二乐章：稍快的行板	贝多芬	前面部分曲调舒缓，中间部分比较跳跃，适用于午后父母或老师静静地给孩子讲故事。
天使小夜曲：行板变奏	罗西尼	曲调舒缓，适用于描述性的故事，音乐很好听，也可以用于专门欣赏。
小步舞曲	博凯里尼	节奏欢快，适用于小动物或者角色开心玩耍的故事。
降B大调第4号弦乐奏鸣曲：小快板	罗西尼	曲调欢快，适用于坚强、不怕困难的故事，可激发孩子坚强、勇敢的精神。
小步舞曲	亨德尔	适用于叙事故事。
玩具笛子	柴可夫斯基	适用于顽皮、趣味性强的故事。
小夜曲	舒伯特	曲调舒缓，适用于探索性、思考性强的故事，可激发孩子的感知力和创造力。
船歌	柴可夫斯基	轻轻柔柔的曲调，适用于叙事性的故事，也适合6岁以上孩子的睡前故事。
F大调浪漫曲	贝多芬	适用于情感类的故事。
军队进行曲	舒伯特	曲调欢快，适用于男孩故事，或是调皮、节奏快的故事。
十二平均律钢琴曲：前奏曲与赋格	巴赫	曲调舒缓，适用于积极向上的、探索式的故事，也适合孩子刚起床时伴随式欣赏。

续表

音乐名称	作曲家	特　点
天鹅	圣·桑	抒情的、叙事的、有感情的，适用于刚开始讲故事的新手讲感人的故事，伴随着这首乐曲，很容易进入感情。
梦幻曲	德彪西	适用于睡前故事，特别适合年龄小的孩子。
月光	德彪西	曲调舒缓、抒情，适用于诉说类的故事。
沉思	马斯奈	曲调舒缓，轻轻柔柔，适用于叙事、诉说类的故事，比如讲妈妈的故事，特别适合配乐朗诵的音乐。
C大调长笛与竖琴协奏曲	莫扎特	安静、静谧、田园式风格，适用于睡前故事。
A大调单簧管协奏曲	莫扎特	适用于叙事、描述性故事。
C大调第21号钢琴协奏曲	莫扎特	节奏快，适用于多奔跑情节的故事。
降E大调第22号钢琴协奏曲	莫扎特	曲调欢快，跳跃感强，适用于跳跃感强的故事，可激发孩子的想象力。
D大调小提琴协奏曲	贝多芬	适用于叙事类的、有幽默感的故事，比如安徒生的《老爹做事总是对的》。
致爱丽斯	贝多芬	适用于抒情的、有节奏感的故事，可以调节孩子的情绪，听后感觉豁然开朗。
彼得与狼	普罗科菲耶夫	本身就是音乐故事，也可以用相应片段配乐，可以激励孩子做个勇敢的人。

续表

音乐名称	作曲家	特　点
自新大陆第二乐章	德沃夏克	适用于调节情绪的故事，可抚平孩子焦躁不安的情绪。
杜鹃圆舞曲	约纳森	适用于清晨给孩子讲故事。
动物狂欢节	圣·桑	里面有天鹅、野驴、乌龟、大象、袋鼠等动物的描写，特别适合相应动物的配乐。
蝴蝶	舒曼	适合做讲蝴蝶故事时的配乐。
儿童游戏	比才	适用于游戏类故事，请注意乐曲结尾处音量的调节。
儿童进行曲（选自《胡桃夹子》）	柴可夫斯基	跳跃感强，适用于游戏类故事。
蜜蜂	舒伯特	音乐生动，特别适合做讲蜜蜂故事时的配乐。
圣母颂	舒伯特	适用于歌颂类的故事，比如讲妈妈的故事，也适合睡前故事。

　　还有一些适用于婴幼儿故事配乐的中国古曲：《浔阳夜月》《塞上曲》《高山流水》《阳春白雪》《青莲乐府》《飞花点翠》《月儿高》《阳关三叠》等。即使是上面给出的推荐音乐，也要尽量选择单一的器乐曲，比如小提琴独奏、钢琴独奏、大提琴曲等。随着孩子年龄的增长，再逐步扩展到协奏曲、室内乐等。

　　让音乐配合故事，可以渲染故事的氛围。我特别主张家长在讲故事的时候要有停顿，音乐可以帮助家长把讲故事的速度慢下来，和宝宝一起有想象的空间。比如讲到"他们跑呀跑呀"，音乐到这里就可以多延续一会儿，让孩子有一个更充分的想象的空间。

小贴士

　　孩子的耳朵很娇嫩，千万要好好保护它。播放音乐的时候，先将音量调到最小，然后再逐渐调整到合适的音量。只要能听到就可以。就像给孩子洗澡时，先放冷水，再放热水一样，要时刻注意对孩子的保护。

　　在为孩子播放音乐的时候，每次时间不宜过长，每次不要超过20分钟。音乐设备要放在离孩子1米以外的位置。千万不要让孩子贴近音箱，这是很危险的。

　　请您一定要为孩子选择音质好的音乐。随着孩子年龄的增长，您可以根据孩子的接受程度，逐渐增加欣赏音乐的种类。可以在孩子高兴、有兴致的时候和他一起讨论音乐的情绪，甚至可以具体到哪个故事配哪段音乐合适。

（三）让故事里的小青蛙跳出来——用道具配合讲故事

　　手偶是我讲故事时最好的道具，很多小朋友性格内向，或者处于五六岁的一个性格独立期，不爱说话，一个小手偶就能拉近成人和孩子的距离。我去过多次"普特融合"的学校，那里有很多自闭症的孩子，每次去我一定会带着小手偶，这是我很好的帮手。有的时候小朋友看到我，因为我是一个大人，他不见得能跟我说话，自闭症的孩子是生活在自己的世界里的，但是有的时候一个小动物手偶就可能改变他的想法。

　　我有几个经常用的小手偶。有一匹小马，特别勤劳爱动，但是它有一点儿小自卑，以为别人都觉得它特别笨，只会干活，不会思考。所以每当故事中有了什么事的时候，它总爱说："我来说两句吧。"我还有一只小鹦鹉，特别爱说话，我会让鹦鹉的说话速度特别快。但是我会经常让它说："让我想想。""我想想我再说。" 还有一只青蛙，青蛙不好看，它的嘴特别大，但是它非常聪明，机智勇敢。我就是想告诉小朋友，每一个人都是漂亮的，都是最好的，都是独一无二的，都是最棒的。

　　像这样的小道具，我觉得家长应该准备一个，这可能是在家里为孩子讲故事时最后的杀手锏哦。讲故事的最好状态是拉着孩子的手，或者把孩子搂在怀里来讲故事，但是孩子如果特别生气，或者伤心了，不愿意理你了，这时候怎么办呢？这种情况下，大人去哄孩子可能效果就弱一些，但是使用道具就不一样，家长们需要随机应变地编出几个小动物发生的故事，比如我常用的小松鼠，小松鼠就可以把自己的事情讲出来："我今天也很伤心，我摔了个大跟头。"小朋友一听，啊？原来你还不如我

呢？他伤心的情绪可能就会得到缓解了。

（四）你也可以声情并茂——情感的投入

我认为，讲故事时投入感情是第一位的，运用技巧是第二位的。其实对于很多家长来讲，并不会什么技巧，但如果你投入自己所有的情感去讲这个故事，就会很生动。

家长和老师为什么经常会觉得自己讲不好故事呢，其实很大的原因是大人不相信自己讲的这个故事。比如古人抚琴的时候，都要先洗手净身，换上舒适的衣服。如果我们有条件，也可以向古人学习，最好也先洗洗手，趁这个时间梳理一下自己的情绪。比如我在给小朋友讲故事的时候，或者讲朗诵课的时候，都要告诉他们有6秒的调整时间，这个6秒是什么意思呢？就是你要沉静下来，不管之前有什么互动，或者讲什么，都用这6秒暗示自己，故事马上就要开始了，我马上就要走到故事里面去了。

家长和老师在讲故事之前，可以先回想一下之前预习的那些内容，然后怀着一颗相信的心去讲。您相信了，就一定会有感情的，或者您要把自己变成故事里的那个人物，或者您已经走到这个场景里了，比如："你看，在一片一望无垠的大草原上……"讲到这里，您要想象着眼前有一片大草原，仿佛您就站到那个画面里，这是特别重要的。如果连您自己都不相信，给孩子讲的时候，孩子也会从不相信的语调、语气中察觉出来。所以，请您像恋爱时一样，把情感投入到给孩子讲故事当中。您要相信，要觉得故事是真的、美好的，不管您在生活中碰到多大的困难，您一定要相信太阳是特别温暖的，这个世界是特别美好的。

有人觉得讲故事时声情并茂很难，其实就看您愿不愿意去做了。声情并茂需要您全身心地投入。我们成人应该保持一童心，童心是什么样的？童心的一个特点就是愿意去相信，相信世间的一切都是美好的、真实的，都是快乐的。

（五）伴着故事入梦——睡前故事

1.什么是睡前故事

睡前故事，顾名思义，是专门在孩子睡觉之前听的故事。一般8岁之前的孩子都需要睡前故事，尤其是0—6岁的孩子在睡前更需要爸爸妈妈的陪伴。孩子会在故事中感受世间的美好，感受父母的爱。故事更会让孩子坚信，爸爸妈妈永远会陪伴在身边，保护自己。就这样，孩子一边听着故事，一边慢慢地进入梦乡。

常听睡前故事的孩子会更活泼、开朗，更愿意和别人沟通、交流，增加彼此的信任，而且处事能力也会比较强，长大了常常能成为社交高手。家长此时讲故事的目的就是培养孩子按时作息的习惯，让孩子安稳地入眠。

2.怎样选睡前故事

说实话，目前好的睡前故事并不多，常常需要家长自己改编，或者自己创作。

什么样的故事能当作睡前故事呢？答案是人物、情节简单的，语言舒缓、重复的，内容美好、友善、温暖的故事。最好能选择一些画面感强，有睡觉情节的故事！

家长一定要提前把睡前故事准备好。在日常生活中，只有讲睡前故事的时候才会要求家长"脱稿"，在孩子两三岁的时候，睡前故事不用每天都是新内容，可以在一周内每天讲同一个故事，或者把一个故事分成几天讲，里面的人物可以是一样的，每天的情节也可以是类似的。

3.怎样讲睡前故事

我们常在影视作品中看到这样的画面，妈妈和孩子一起躺在床上，或者一起斜靠在枕头上，手里拿着一本书，一边看一边念。您家的睡前故事也是这样的吗？

我不主张用这样的形式讲睡前故事。

原因之一，家长的目的是让孩子睡觉，而孩子看着图画书，里面新奇五彩的画面会吸引孩子的注意，从而兴奋起来，这样就达不到尽快睡觉的目的。

原因之二，这样看着书讲故事一定会开着房灯，不利于营造睡觉的氛围，成年人开着大灯也不容易睡着吧？如果是开着台灯，光线则很难达到保护视力的水平。

原因之三，家长和孩子在床上所看的图画书未必是消过毒的吧？我相信您家孩子的床上用品，比如被子、床单、枕头等等都是很干净卫生的，至少会定期清洗。那您就可以忽略图画书的卫生程度吗？书也是商品，在销售流通中，甚至在家中就能保证是卫生的吗？它之前有可能是在孩子的玩具中间，也有可能是在地上，白天孩子在看完书之后一定会去洗手，那晚上在床上看完后还会下床去洗手吗？

理想状态下的睡前故事应该这样讲：

孩子在洗漱之后，躺在床上，盖好被子，妈妈（爸爸）先和孩子聊几句家常，或者说一下第二天的安排，然后对孩子说："好了，下面是睡前故事时间，准备好了吗？一二三，关灯喽！"家长可以根据自家的情况调整句子的说法，也可以点上蜡烛，打开音乐等等，目的就是营造一种睡前仪式感。有了睡前仪式，就很容易让孩子养成按时作息、关灯睡觉的好习惯。关了灯（此时可以开一盏不是很亮的床头灯），柔和的睡前音乐响了起来，妈妈用慈爱的目光看着孩子，此时孩子也会用眼睛看着妈妈，接下来妈妈就可以在音乐的伴随下用温柔的声音讲舒缓、美好的故事，直到孩子闭上了眼睛，呼吸逐渐均匀、平缓，进入梦乡，这时候睡前故事就可以结束了。

也许孩子没有记住妈妈讲故事的内容，但那温馨的氛围、妈妈慈爱的目光和温暖的气息却一次又一次地印在孩子的心里，哄孩子睡觉的目的也就算达到了。

4.讲睡前故事的技巧

讲睡前故事时，声音不用很大，孩子能听见就行；声音也不能太小，因为太小的声音会损害您的声带。

语速：故事里的情节您要慢慢地讲，根据孩子的呼吸调整语速，语速要比孩子的呼吸慢一些，您也可以根据舒缓的音乐调整语速。

语言：多用重复性的语言，多用叠词，比如"跑呀，跑呀，跑呀"，"找呀，找呀，找呀"，孩子在听到这些词语时，会结合生活中的经验，在脑海中浮现出相应的画面，这些对于孩子的智力和心理发育有很大的好处，容易构建五彩斑斓的精神世界，对孩子的想象力和创造力也是大有益处的。

语调：语调一定要平缓，不要表演式的，只要不让孩子兴奋就行，每当说到睡觉的情节，可以有一些拖长音的语句，轻轻地说。爱的语调胜过千言万语。

动作：这时候您可以和孩子有适当的身体接触，比如您用手轻轻地拍孩子，把孩子的手放在您的手心里，等等。

5.小雨姐姐推荐的睡前故事

爱打哈欠的小狗
作者：金　波

元元家的大门上贴着一则告示："谁能治好我奶奶的失眠症，必有重谢。元元"。

告示贴出去没多久，就来了一位小提琴手，说老奶奶听了她的琴声就能睡着了。可是，老奶奶听了琴声，还是睡不着。

后来，又来了一位园丁，说老奶奶闻闻他的花香就能睡着了。可是，老奶奶闻了花香，仍旧睡不着。

接着来了一位调酒师，说老奶奶尝尝他调的酒就能睡着了。可是，老奶奶喝了酒，依然睡不着。

然后，又来了一位会唱歌的妈妈。她说："我的孩子一听我唱摇篮曲就睡着了。"可是老奶奶听了摇篮曲，还是睡不着。

这天，门外又响起了敲门声。元元打开门一看，原来是一只小狗。

小狗说他能治好老奶奶的失眠症。于是，元元把他领到了老奶奶的床前。老奶奶很喜欢这只小狗，轻轻地抚摸着他。

小狗什么也没做，只是安静地躺在老奶奶的床边，不停地打着哈欠。

不知不觉，老奶奶也跟着打起了哈欠，打着打着就睡着了。从此，爱打哈欠的小狗就留在了元元家。

注意：

（1）讲这个故事的时候可以把主人公"元元"换成自己孩子的名字，或者孩子认识的小朋友的名字，把"奶奶"换成和孩子比较亲近的老人，比如"姥姥"，增加孩子的安全感。

（2）根据孩子的入睡情况调整故事情节，中间可以加一两个人物，也可以减去一两个人物。最后讲到"睡着了"的时候，孩子的呼吸应该平缓，几乎进入睡眠阶段。而最后一段话要用更慢的语速，可以一直重复下去，直到孩子睡熟。故事不用一字不差地背，意思对了就行，可以用自己的话讲。如果这个故事您实在背不下来，可以只记前几段，因为孩子很快就会闭上眼睛，之后您就照着文字讲吧，记住要用讲的语气。

推荐睡前音乐：《摇篮曲》。

（六）用故事叫醒沉睡的耳朵——起床故事

1.什么是起床故事

起床故事，顾名思义，是专门在起床之前听的故事。3—8岁的孩子特别需要起床故事，孩子们被熟悉的、温和的声音唤醒，在大脑启动运行过程中，慢慢地被故事声音吸引，从而彻底醒来，起床故事能让孩子带着美好的心情迎接新一天的到来。

早晨孩子不是被闹钟惊醒，更不是被枯燥、单调的催促声喊醒，而是在充满爱的、讲故事的声音中安全地、幸福地醒来，是一天中最愉快的开始。经常听起床故事的孩子心情会更好、更开朗，甚至对孩子养成早晨排便的习惯都有所帮助。

2.怎样选起床故事

起床故事不像睡前故事那样讲究内容，它更注重形式。起床故事的内容可以是新故事，也可以是讲过的故事；可以是欢快的故事，也可以是情感故事；可以是前一天故事的延续，也可以是现编的幽默故事。

起床故事最好限定好时长，一般以5分钟为宜。如果按人说话的正常语速每分钟180字计算，可以选大概900字左右的故事。

3.怎样讲起床故事

在前一天临睡时，也就是讲睡前故事之前就可以和孩子约定好，比如："妈妈明天早晨5点55分开始讲起床故事，你听5分钟的故事以后，也就是6点钟睁开眼睛。"让孩子对起床故事有足够的心理准备和期待，也让孩子了解家长在第二天早晨的安排。

早晨，家长轻轻地拉开窗帘，让阳光照进房间，人类的祖先就是靠自然光亮醒来的，所以打开窗帘可以帮助唤醒孩子。家长拿出事先准备好的故事书，坐在孩子床边开始讲故事。您可以用柔和的声音开始，然后越来越放开声音，语速要比讲睡前故事快，音调也比讲睡前故事时高。如果掌握不好语气和语速，至少要大声地读出来。

起床也要有起床仪式，讲起床故事就是仪式中的一个重要环节，在规定好的时间里讲故事，没讲完可以在一天中的其他时间再接着讲，或者留到第二天早晨接着讲。

孩子一般会闭着眼睛听，讲完故事之后，起床仪式的最后一项是歌谣游戏，您可以把手伸到孩子的被子里，顽皮地说："胡噜胡噜腿，胡噜胡噜背，胡噜胡噜脑袋，拍拍脸，一二三，三二一，现在请你睁开眼！"孩子愉快地睁开眼睛，高高兴兴地起床，整个起床仪式结束。

七 讲故事的六大误区

1.讲故事的过程中不向孩子提难度大的问题

不是说讲故事的时候不可以提问题，适当地提问可以增强互动性，提高孩子听故事的兴趣，但是孩子不是编剧，也不是上课回答问题，所以不要用难度过大的提问打断孩子听故事，不要让孩子紧张。如果孩子紧张了，他可能就不愿意听故事了，以后就会拒绝。

比如《爱的味道》，我讲到妈妈生病了，小狮子布奇赶快找到他家里的小药箱，拿出了退烧药，这时候我会问，小朋友，你知道你们家里的药箱放在哪儿了吗？像这种穿插些生活中的小问题，放在故事中或者故事之后都是可以的。但不要问孩子难以回答的问题。

2.讲故事不是数量越多越好

几乎每一本书都是作者和编辑花费很长的时间，精心打磨出来的，我们要充分地利用这些出版物，把更多的知识挖掘出来，因为很多时候，很多内容藏在文字的后面，藏在图画的后面，需要家长和孩子像挖宝一样，把这些宝贝给挖出来。就像我们学英语一样，有精读和泛读，好的图书，就要像精读一样，把它用好。一个好故事，可以讲好几天甚至更长时间，讲完故事之后，再和孩子一起复述、表演、改编，再一起来画张画。

3.不要借故事来批评孩子

故事里经常会有一些调皮捣乱的角色和行为，请记住，我们讲故事的目的，是要让孩子意识到这样做是不对的，千万不要在讲故事的时候借机批评孩子，尤其不能当着别人的面揭孩子的短。而是要通过讲故事，让孩子自己去领会那样做是不对的，应该怎样做会更好，否则孩子会觉得下不来台，预期的效果会大打折扣，甚至导致孩子再也不想听故事了。

不要借故事来批评，这就像不要把自己家孩子和别人家孩子相比较是一个道理。"你看人家小青蛙多好，你看你，就知道怎样怎样。"其实孩子在听故事的过程中，会有比较和体会的，藏而不露的教育，才是最好的。

4.不是所有的地方都适合讲故事

我们给孩子讲故事，可能最多的场所是在家里，有的时候是坐在沙发上，有的时候是躺在床上，有的时候是在读书角。但是有一些地方真的不适合讲故事，我想借此机会提醒各位家长注意。

首先，嘈杂的地方不适合讲故事，比如在飞机上就特别不适合讲故事，因为飞机里面的噪声很大，妈妈讲起来比较吃力，在飞机上说话对嗓子和耳朵都非常不好。另外，像饭店、火车站这种嘈杂的地方都不适合讲故事。

其次，在容易分散孩子注意力的地方，比如在游乐园里面，就不适合讲故事，因为孩子看到的东西太多了，会经常打断他对故事的连贯性的理解。这样时间长了，孩子会出现注意力不集中的问题。孩子的性格养成都是这样点点滴滴积累起来的。也许等孩子大了，你发现孩子总是精力不集中，其实很有可能是在孩子小时候埋下的祸根，所以这一点也请爸爸妈妈注意。

有一次我去动物园，我发现竟然有家长拿着书给孩子讲故事。我觉得这是一件挺遗憾的事情，家长带孩子出去玩的时候，其实是不适合讲书上的新内容的，而是应该把在大自然中看到的编到故事中去。我儿子小的时候，我带他下楼去玩，经常会给他讲眼前看到的故事。我希望家长在讲故事的时候把自己家里小区的名字或者你带他去的地方告诉宝宝，因为让孩子知道自己住哪儿、现在在哪里很重要。比如："这一天，妈妈带宝宝来到了××小区里，小路两旁是一排大树，上面长满了叶子，叶子绿绿的，风一吹就会哗啦哗啦地响，好像在向宝宝打招呼。妈妈喜欢宝宝，大树也喜欢宝宝。大树说，宝宝你好，宝宝抬起头向大树招招手，大树爷爷好。"像这种故事，爸爸妈妈们随时随地都可以编出来。就是把看到的事物拟人化一些就可以了，这样，在讲故事的同时，可以让孩子记住自己家的地址，了解周围的环境。和大树爷爷打招呼，其实也是告诉孩子该怎样去和别人交往，同时也表达了你对宝宝的爱，是非常有意义的事情。

小贴士

因为我们倡导家长讲故事的时候要和孩子有肢体接触，比如妈妈要拉着孩子的手，或者孩子依偎在妈妈的胸前这样讲故事，所以，家长和孩子两个人穿的衣服最好是纯棉的，这也是我经常去幼儿园给孩子们讲故事的一个小小的经验。如果你穿的衣服动起来有哗啦哗啦的声音，或者有静电，会分散孩子的注意力，也不够舒适。

5.图画书是一种整体的艺术，不要忽略封面和封底的内容

图画书本来就是一种整体艺术，很多图画书都是从封面就开始讲故事，从环衬开始讲故事，从扉页开始讲故事，一直讲到封底，如果不加注意，会落下很多精彩内容。比如《母鸡萝丝散步》的扉页，其实就是母鸡萝丝散步的地图，如果先让孩子和你一起参观一下母鸡生活的农场，然后再去了解散步时发生的故事，效果会更好。

再比如《大卫，不可以》，你看封面上的大卫多淘气啊，为了够鱼缸，就要摔倒了的样子，这其实是作者埋下的伏笔，读完了书里的内容，我们再去看那个封面，又会有新的认识。所以讲图画书，一定要从封面开始，一页一页地翻，一直到封底，这是家长要特别注意的。

6.不要从一开始就用手指着文字念给孩子听

家长不要从一开始，就用手指着书上的文字念给孩子听，因为孩子一定是从读图开始的，图画可以锻炼孩子的想象力，提高艺术鉴赏能力，请不要剥夺了孩子的这个权利。孩子认字是早晚的事，以后等他认字了，你想让他先看图，可能都办不到了。小一点儿的孩子看书一定是先看图的，其实孩子的想象力特别丰富，而且都非常聪明，光看图，也能了解得八九不离十了。也许他的想象跟文字不一样，那又有什么关系？只要孩子参与了，就一定能有很多的收获在里面。孩子读画面，是在欣赏，在理解画面，他在和画家用画去交流，所以请家长不要一开始就指着文字想让孩子识字，那样会损失很多美好的东西。

第五章

怎样给特别的孩子讲故事

一　给自闭症孩子讲故事

　　给自闭症孩子讲故事，一定要多次重复，而且一定要配合音乐。其实我唱歌不好听，但是只要是给自闭症孩子讲故事，我都会唱出来："你好吗？""你好哟！"自编自唱瞎哼哼。哪怕唱得五音不全，对自闭症孩子来说都是有效的。讲故事的人，首先要克服自己的心理障碍，不一定非要谱好曲子填好词，随口而出即可，甚至怪声怪调的都不要紧。因为这种音律、韵律，或者说这种声音的改变，会让自闭症孩子受到干扰。这就好像叫醒一个沉睡的孩子："嗨，醒醒。"你怪腔怪调的时候会更容易引起他的注意。所以有的时候我都不好意思当着别人的面跟自闭症小朋友聊天，但是跟孩子们在一起就没事。

　　另外，我给自闭症孩子们讲故事，一定会带一个手偶。自闭症孩子是生活在他自己的世界里的，小朋友看到我，因为我是一个大人，他们不见得愿意跟我说话，但是一个小动物手偶就可能改变他的想法。我常去的一个普特融合的小学，他们特意把自闭症孩子组成了一个乐队，我去采访过这个乐队。第一次去的时候自闭症孩子都不理我，他们就自己玩自己的，我还记得有个孩子就拿着把钥匙一直玩。等我第七次去的时候，自闭症孩子主动地跟我笑一笑，小声地说："你来了？"我觉得这特别难得。

二　给盲童讲故事

对于盲童，平等相待是最重要的，讲故事的时候也要鼓励他们。给特别的孩子讲故事还要注意，你要让他知道，有时候坏事也能变成好事。1995年、1996年两年我几乎每个星期都去盲校。在此期间我做了《假如给我三天光明》的专题节目，这个节目让我拿到了第一个国际大奖。我给孩子们讲过这样一个故事：有一天，几个小动物朋友一起去动物园玩，顺便看望他们的小伙伴。结果天黑了，他们都走散了，只有一个人带着手电。有一个叫球球的小动物平时就看不见，球球说："虽然天黑了，但是对我来说是一样啊。"我会把这样的情绪带给他们，让他们觉得其实有的时候坏事也许还是一件好事。

我经常会去盲校给孩子们讲故事，每次去给这些孩子讲故事，我都会特别用心。有一次讲啄木鸟的故事，我特意让朋友准备了一套毛茸茸的啄木鸟的服装（演出服），朋友问，他们又看不见，你打扮成啄木鸟有必要吗？我说，正因为孩子们看不见，我才要穿成这样，因为他们还可以摸呀！我在讲故事的过程中，会让盲童来摸一摸啄木鸟的羽毛、啄木鸟尖尖的嘴巴……让孩子们尽可能地体会故事的快乐。给盲童讲故事的时候，一定要有肢体的接触，不要光坐在那儿讲。

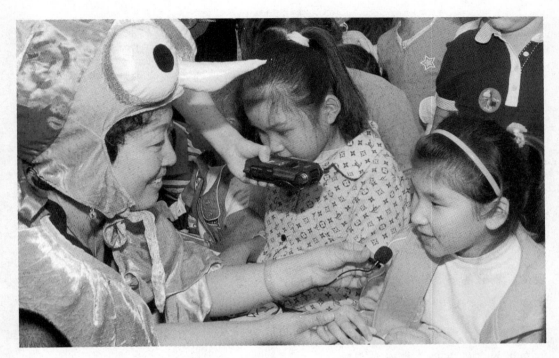

◆小雨姐姐在盲校给孩子们讲故事，采访盲童。

三　给聋哑儿童讲故事

　　看到这个标题您一定会觉得很奇怪，给聋哑的孩子怎么讲故事呢？这还要从我的一次经历说起。因为我们的节目越来越被认可，受到了国际上的关注，我会经常作为中国的代表到世界的舞台上去介绍中国孩子的情况。当然也有更多的机会跟世界各地的家庭教育方面的专家一起沟通。有一次我在国外听到了一个广播节目，一个没有语言的广播节目，难以想象吧？全部是用音响来完成的一个故事，你能听出来背景声是一大群孩子叽叽喳喳的。这时候，一个妈妈正在家里炒菜，能听到锅碗瓢盆的声音。突然响起一个孩子拿起一个锅盖的声音，叮叮咣咣的。然后妈妈叫了起来，那声音由近而远地跑开了，随即响起了孩子敲这个锅盖的声音。整个故事都是由各种音响组成的，但是你能想象出那个场景。

当我听到这个节目之后被深深地震撼了，原来声音也是可以被挑战的。后来我还听说有一个国家全部用狗的叫声完成了一个狗的故事，你甚至能听出悲欢离合的感情。这给了我一个启发，我想，也许我们给身体有障碍的孩子讲故事，也可以用这种方式来诠释、来挑战的。

有一次我去台湾，给聋哑孩子们讲故事，他们有的会读唇语，会使劲儿盯着我的嘴唇。我用一个小熊的手偶，给他们讲了一个小熊环游地球的故事。当时是在舞台上表演，我准备了很多的道具。我拿着小熊，给它裹了一面美国的国旗，就等于来到了美国。每一个地方我都会讲一个故事，比如我讲到小熊看到了瀑布，就拿了一个矿泉水瓶一倒，不知道他们能不能理解。他们虽然听不到，但是他们能感受到这个小熊在世界各地游走，都挺开心的。

有一些特别的绘本是讲特别孩子的故事，比如关于残障孩子的《大象男孩和机器女孩》，关于听障儿童的《我的妹妹听不见》，关于语言障碍的《嚓－嘭！》，关于学习障碍的《谢谢您，福柯老师》和关于多动症的《爱闯祸的小天使》，等等。

当然，这些故事不仅是讲给特别孩子的，也可以讲给所有的孩子，让孩子们了解这些特别的孩子，培养孩子们的爱心、包容心，以便在生活中更好地和这些特别的孩子相处。

第六章

讲完故事以后做什么

家长和老师给孩子讲故事，之后围绕这个故事还可以做些什么呢？讲故事不只是一个"我讲你听"的过程，要想把一个故事的效能发挥到最大，后面还有很多事情值得我们做呢！当然这些事情要和孩子一起做。

一 轮到孩子讲故事了——和孩子一起复述故事（适合3岁以上的孩子）

家长和老师在给孩子讲完故事以后，可以先和孩子一起复述故事，你一句我一句。孩子记得的部分由孩子说，孩子记不清的地方由家长或老师说，实在是都想不起来了，再看看书上是怎么写的。当然不用一字不落地复述出来，只要能用自己的话讲出故事的大概内容就行。

在复述故事的过程中，请您一定要仔细观察孩子最感兴趣的部分，其实孩子兴高采烈地能复述出来的部分，也就是他最感兴趣的地方，当然也是您讲得最好的地方。针对孩子最感兴趣的地方进行补充、强调和延伸，会使孩子的收获更大。如果故事的道理能从孩子的嘴里总结出来，是最好不过的了。

复述不是背诵，这一点要请家长和老师注意，复述故事是要用孩子自己的语言来讲述故事里的人物和情节，这对孩子的语言能力、记忆能力、逻辑思维能力和想象力等方面都是很好的锻炼。若想让孩子复述出故事，需要他认真听，理解了、记住了之后才可能完成。6岁以前的孩子在听故事的过程中主要是以形象记忆为主的，只有多让孩子想象，才能记忆深刻。

著名诗人歌德小的时候，他的妈妈每天都会给他讲故事，但是每到关键的地方就停下来，让小歌德自己猜故事接下去会怎么发展。等到了第二天，在讲故事之前他妈妈先问歌德是怎么想的，等歌德讲完了自己的想法，妈妈才会继续讲故事。歌德的想象力就是这样被培养出来的。

家长和老师也可以借鉴歌德妈妈的做法，不定期地重复已经讲过的故事，并且鼓励孩子复述故事，哪怕在复述过程中加入了一些自己的东西都没关系。经常让孩子做这种复述故事的练习，会有效地培养孩子的理解、记忆能力，有序表达能力，想象和创编能力。

（二）我是小白兔，你是大灰狼——和孩子一起表演故事（适合4岁以上的孩子）

现实生活中，我们常常会看到有的孩子虽然已经会说很多词语和语句了，甚至还会背唐诗、讲故事，在家里能说会道，却不敢和陌生人说话。幼儿园或者家里来了客人，也不能大大方方地和别人打招呼。如何帮助孩子克服心理障碍，勇敢地和家人以外的人说话呢？答案就是家长可以和孩子一起分角色讲故事。

让孩子自己先从故事中选一个角色，进行分角色讲故事游戏，既然把它列为游戏范畴，就不用太拘泥于书上的台词，主要是让孩子体会不同角色的语言特色。能把自己融入故事中，去体验扮演角色时人物的语言动作，感受合作表演的乐趣。

分配好角色，大致记住自己的台词，大胆、夸张地加入表情和动作，活灵活现地把故事表演出来。家长和孩子可以一起精心挑选一小段活泼的音乐作为开场，表演故事会就可以开始了。在几次试演之后，家长或老师可以根据角色的特点，为自己和孩子准备一些相应的小道具和角色装扮的服饰，再约上亲朋好友，或者幼儿园里其他的小朋友，把故事像模像样地表演给大家看。当孩子得到认可和掌声时，孩子就会更爱听您讲故事、读故事，因为他会盼着故事之后的表演呢！

千万不要低估孩子的想象力！在表演故事的准备中，多听听孩子的意见。其实不管是排练、准备道具，一切都像游戏一样有趣。空的纸箱子可以做场景，各种头巾、帽子都可以拿来塑造人物形象，甚至可以利用家里或幼儿园现有的毛绒玩具，玩木偶戏的游戏。总之提供一切机会让孩子参与到故事表演的活动中，他们自然而然地就会用自己的语言说出故事中的对白，描述出生动的故事情节。

这个环节需要孩子放开声音表演，但不是喊，喊会把嗓子喊哑的。逢年过节时，还可以到幼儿园、学校或者社区表演，甚至参加故事比赛。儿童天生就是演员，家长和老师千万不要扼杀孩子的表演天分，要允许他们自由发挥。在表演故事的环节中，怎么演都不能说他错，只要孩子在表演的过程中很快乐、很享受就是成功的！

推荐可以表演的故事：《三只小猪的真实故事》《三只小猪》《灰王子》等。

三 **你喜欢这个结尾吗？——和孩子一起改编故事（适合4岁以上的孩子）**

　　每一个孩子都愿意得到家长、老师的重视和认可，如果将故事情节按照孩子自己的意愿展开那该多好呀。家长要充分理解孩子的心理，要把改编故事的权利交给孩子，让孩子感受到自己的能力。这时候家长可以和孩子一起从头开始："故事开头我们能改一下吗？怎么改呢？"就这样，家长引导孩子一步一步地按照孩子所想的去重新编写一个故事。

　　比如讲到《西游记》，家长可以在改编进行不下去的时候给孩子两个选择："你说咱们是让孙悟空把牛魔王放了，给牛魔王一次重新改正的机会，还是让孙悟空把牛魔王杀了，为民除害？"当孩子思考之后，他会选出一个答案，然后继续故事的改编，这不仅能开发孩子的想象力、创造力、逻辑思维能力，连今后写作的能力都能得到开发。

（四） 画出你最喜欢的——和孩子一起画出故事（适合5岁以上的孩子）

　　孩子从很小的时候开始就喜欢拿着画笔随意涂鸦，而5岁的孩子更喜欢按照自己的想法把故事中的角色和故事的背景、情节做出有趣的想象。语言变为图像，将故事情节中的某一瞬间定格，这就是孩子带给家长和老师的惊喜。从孩子画故事的图画中，孩子已经表达出听故事后的最大收获。

　　一开始可以选择孩子喜欢的、简单的故事，告诉孩子一些绘画的基本方法，选择合适的纸和笔，让孩子自由发挥，用孩子最喜欢的风格，画出心中的故事世界。家长和老师最好把孩子画故事的作品装订成册，像一本书一样，孩子会非常有成就感，从而更喜欢这种画故事的方式。

　　孩子是千差万别的，作为家长和老师，应该鼓励孩子在听完故事之后，用自己擅长的方式表达自己对故事的理解。

第七章

做个讲故事高手吧

一 语言的基本功

1.使用普通话

给孩子讲故事一定要使用普通话，要以清晰、准确、规范的语言为孩子打下良好的语音基础。教育部门对幼儿园老师的普通话水平要求很高，需要达到《普通话水平测试等级标准》，不低于二级。父母虽然不用测试普通话，但是父母的日常用语对孩子的影响很大，所以为了孩子，也请父母在家里尽量使用普通话。

语言是交际的工具，是一门口耳之学，是听和说的学问，两者不可分割。"工欲善其事，必先利其器"，加强语言基本功训练，正是这个道理。训练的方法有很多，而绕口令是其中最有趣、最适合全家练习、游戏的好方法。

绕口令在锻炼语言基本功方面起着矫正发音部位，促进反应敏捷，用气自如，吐字清晰等作用，可以说，结合绕口令进行语言基本功的训练是一种有趣、奏效的好途径。

　　但是讲故事，感情一定是放在首位的，标准的语言是第二位的。所以就算您的普通话不标准，只要您通过练习，让孩子知道，爸爸妈妈很努力地跟自己一起在学，那感觉是不一样的，会让孩子体会出榜样的力量。有一次我给家长们讲怎样给孩子讲故事，有一位爸爸，口音挺重的，他一直在积极地跟我练习，不停地问我："我这么说对吗？"你能看出来他迫切的心情，他的孩子在旁边看着爸爸，眼神里充满了崇拜、尊敬和满足。

2.咬字发音

　　中国汉语里的每一个音节，都是由三个部分组成的：最前面的音素叫作声母，后面的音素叫作韵母，音节所发出声音的走向叫作声调。比如"我"里的"w"叫作声母，"o"叫作韵母，"ˇ"叫作声调。

　　讲故事时的咬字，也就是吐字归音很重要。"咬字千斤重，听者自动容。"　戏曲和歌唱历来非常重视咬字，讲究"字正腔圆"，并且把"字正"看作是"腔圆"的基础。明朝的魏良辅在《曲律》中曾经说过："曲有三绝，字清为一绝。"清朝的徐大椿在《乐府传声》中曾经说过："字若不真，曲调虽和，而动人不易。"可见各类语言艺术对咬字都是十分重视的。

　　讲故事主要靠"说"，咬字当然就更加重要了。字是意义和情感的载体，咬字的功夫直接影响到故事角色的思想感情表达，所以咬字需要发音清晰、收音完整、嘴上有力的技巧。

（1）声母练习

声母一共有21个，分别是b，p，m，f，d，t，n，l，j，q，x，g，k，h，zh，ch，sh，r，z，c，s。

我们在发声母音的时候，需要使用准确的发音部位，运用正确的发音方法，拥有完整的发音过程。

人的声音是由吸入人体内的气流在呼出的时候冲击声带而发出的。发音的部位是指气流在口腔里受阻的位置，也就是说声母发音时的位置。这些位置包括喉、舌、齿、牙、唇，以及它们相互组合而形成的综合形态，比如唇和牙组合在一起发音等等。

正确的发音方法是指发音部位对气流设置障碍和气流克服障碍的一系列方法。

完整的发音过程是指在发音的时候，发音的部位按照发音方法对气流形成阻碍，直到气流冲破阻碍的全过程。形成阻碍的时候，要求使用准确的发音部位。保持阻碍的时候，要求气流充足，而且是有控制的和有力度的。冲破阻碍的时候发出声音，要求干脆、利落、有力。

为了帮助大家练习发音部位和发音方法的准确性，我们列举一些词汇和绕口令，请大家用自然的声音读出来，不求快，但求准。

①b，p

亲子词汇练习

bà ba	bái cài	bài nián	pīng pāng qiú	pāi shǒu	péi bàn
爸 爸	白 菜	拜 年	乒 乓 球	拍 手	陪 伴

亲子绕口令

扁担长，板凳宽

biǎn dan cháng bǎn dèng kuān
扁 担 长 ， 板 凳 宽 ，

bǎn dèng méi yǒu biǎn dan cháng
板 凳 没 有 扁 担 长 ，

biǎn dan méi yǒu bǎn dèng kuān
扁 担 没 有 板 凳 宽 。

biǎn dan bǎng zài bǎn dèng shang
扁 担 绑 在 板 凳 上 ，

bǎn dèng bú ràng biǎn dan bǎng zài bǎn dèng shang
板 凳 不 让 扁 担 绑 在 板 凳 上 ，

biǎn dan piān yào bǎng zài bǎn dèng shang
扁 担 偏 要 绑 在 板 凳 上 。

②d, t

亲子词汇练习

dā ying dān xīn dài tóu tái dēng tán pàn táo pǎo
答 应 担 心 带 头 台 灯 谈 判 逃 跑

亲子绕口令

白石塔

bái shí tǎ　　bái shí dā
白 石 塔 ， 白 石 搭 ，

bái shí dā bái tǎ
白 石 搭 白 塔 ，

bái tǎ bái shí dā
白 塔 白 石 搭 。

dā hǎo bái shí tǎ
搭 好 白 石 塔 ，

bái tǎ bái yòu dà
白 塔 白 又 大 。

③n，l

亲子词汇练习

nǎ li　nǎi lào　néng liàng　lái nián　lěng nuǎn　liú niàn
哪 里　奶 酪　能 量　来 年　冷 暖　留 念

亲子绕口令

牛郎恋刘娘

niú láng nián nián liàn liú niáng
牛 郎 年 年 恋 刘 娘 ，

liú niáng lián lián niàn niú láng
刘 娘 连 连 念 牛 郎 。

niú láng liàn liú niáng
牛 郎 恋 刘 娘 ，

liú niáng niàn niú láng
刘 娘 念 牛 郎 ，

láng liàn niáng lái niáng niàn láng
郎 恋 娘 来 娘 念 郎 。

④g，k

亲子词汇练习

gǎi kǒu   gān kǔ   gǎn kǎi   kāi guō   kè guān   kǒu gǎn
改 口   甘 苦   感 慨   开 锅   客 观   口 感

亲子绕口令

哥哥哭了

gē ge chī yào xián yào kǔ
哥 哥 吃 药 嫌 药 苦 ，

hán zhe yǎn lèi jiào gū gu
含 着 眼 泪 叫 姑 姑 ，

gū gu ná lai qiǎo kè lì
姑 姑 拿 来 巧 克 力 ，

gē ge jiàn le bú zài kū
哥 哥 见 了 不 再 哭 。

⑤h，f

亲子词汇练习

hǎi fēng　　hé fǎ　　héng fú　　fā huà　　fán huá　　fáng hù
海 风　　合 法　　横 幅　　发 话　　繁 华　　防 护

亲子绕口令

华华的父母

huá huá de fù mǔ fú fù mǔ
华 华 的 父 母 扶 父 母 ，

fù mǔ fú huá huá de fù mǔ
父 母 扶 华 华 的 父 母 。

fù mǔ shì huá huá de fù mǔ
父 母 是 华 华 的 父 母 ，

fù mǔ de fù mǔ shì fù mǔ
父 母 的 父 母 是 父 母 。

⑥j，q，x

亲子词汇练习

jiān qiáng　　xī qí　　jì xiàng　　qīng jié　　qián xiàn　　qīn xìn
坚　强　　稀　奇　　迹　象　　清　洁　　前　线　　亲　信

亲子绕口令

七加一

qī jiā yī　　　qī jiǎn yī
七　加　一　，　七　减　一　，

jiā wán jiǎn wán děng yú jǐ
加　完　减　完　等　于　几　？

qī jiā yī　　　qī jiǎn yī
七　加　一　，　七　减　一　，

jiā wán jiǎn wán hái shì qī
加　完　减　完　还　是　七　。

⑦z，zh

亲子词汇练习

zài zhòng　　zàn zhù　　zēng zhǎng　　zhì zuò　　zhèng zài　　zhǒng zi
载　重　　赞　助　　增　长　　制　作　　正　在　　种　子

亲子绕口令

撕字纸

gé zhe chuāng hu sī zì zhǐ
隔 着 窗 户 撕 字 纸 ，

yí cì sī xià héng zì zhǐ
一 次 撕 下 横 字 纸 ，

yí cì sī xià shù zì zhǐ
一 次 撕 下 竖 字 纸 ，

shì zì zhǐ lái sī zì zhǐ
是 字 纸 来 撕 字 纸 ，

bú shì zì zhǐ
不 是 字 纸 ，

bú yào hú luàn sī yí dì zhǐ
不 要 胡 乱 撕 一 地 纸 。

⑧s, sh

亲子词汇练习

suí shí   sǔn shī   sōng shǔ   shōu suō   shén sè   shēn sī
随 时   损 失   松 鼠   收 缩   神 色   深 思

亲子绕口令

四是四

sì shì sì　　　　shí shì shí
四　是　四　，　十　是　十　，

shí sì shì shí sì
十　四　是　十　四　，

sì shí shì sì shí
四　十　是　四　十　，

sì shí qǐng fēn qīng
四　十　请　分　清　，

qǐng nǐ shì yí shì
请　你　试　一　试　。

⑨z，c，s

亲子词汇练习

zài cì　zǒng cái　cān sài　sǎng zi　sù zào
再　次　总　裁　参　赛　嗓　子　塑　造

亲子绕口令

桃子

táo zi　　　lǐ zi　　　lí zi　　　lì zi　　　jú zi
桃　子　、　李　子　、　梨　子　、　栗　子　、　橘　子　、

shì zi　　bīn zi　　　zhēn zi
柿 子 、 槟 子 、 榛 子 ，

sì hū zāi mǎn le yuàn zi　　cūn zi hé zhài zi
似 乎 栽 满 了 院 子 、 村 子 和 寨 子 。

⑩zh, ch, sh

亲子词汇练习

zhī chí　　zhēn chéng　　chéng shì　　chāo shì　　shēn zhèn　　shè zhì
支 持　　真 诚　　城 市　　超 市　　深 圳　　设 置

亲子绕口令

除长草

chú cháng cǎo　　　cǎo zhǎng cháng
锄 长 草 ， 草 长 长 ，

cháng cǎo cóng zhōng chū cháng cǎo
长 草 丛 中 出 长 草 ，

chú jìn cháng cǎo zuò cǎo liào
锄 尽 长 草 做 草 料 。

⑪ r

亲子词汇练习

rì chū	rèn dìng	rú guǒ	rèn hé	rèn zhēn
日 出	认 定	如 果	任 何	认 真

亲子绕口令

任命与人名

rèn mìng shì rèn mìng
任 命 是 任 命 ，

rén míng shì rén míng
人 名 是 人 名 ，

rèn mìng rén míng bù néng cuò
任 命 人 名 不 能 错 ，

cuò le rén míng cuò rèn mìng
错 了 人 名 错 任 命 。

小贴士

　　在读故事或念故事的时候，如果有的声母分不清楚或者经常读错，我们可以在朗读前把容易读错的字画出来，当读到这些音节的时候，稍微停一下，针对这些音节找准发音部位，单独练习，尤其要边看拼音边练习。

　　刚开始读的时候一定要慢，把字头、字腹、字尾读全。

（2）韵母练习

普通话的韵母有单韵母、复合韵母和鼻韵母三类。单韵母和复合韵母都是由元音充当，鼻韵母是由元音和鼻辅音韵尾组成。

下面我们用绕口令的方式来练习单韵母。

①a

亲子绕口令

马大哈

mǎ dà mā de ér zi jiào mǎ dà hā
马 大 妈 的 儿 子 叫 马 大 哈，

mǎ dà hā de mā ma jiào mǎ dà mā
马 大 哈 的 妈 妈 叫 马 大 妈。

mǎ dà mā ràng mǎ dà hā mǎi má huā
马 大 妈 让 马 大 哈 买 麻 花，

mǎ dà hā gěi mǎ dà mā mǎi xī guā
马 大 哈 给 马 大 妈 买 西 瓜。

mǎ dà mā jiào mǎ dà hā gē zhī ma
马 大 妈 叫 马 大 哈 割 芝 麻，

mǎ dà hā gěi mǎ dà mā zhāi mián huā
马 大 哈 给 马 大 妈 摘 棉 花。

mǎ dà mā gào su mǎ dà hā
马 大 妈 告 诉 马 大 哈，

yǐ hòu bù néng zài mǎ dà hā
以 后 不 能 再 马 大 哈，

mǎ dà hā bù gǎi mǎ dà hā
马 大 哈 不 改 马 大 哈，

mǎ dà mā jiù bú yào mǎ dà hā
马 大 妈 就 不 要 马 大 哈 。

②o

亲子绕口令

卖墨和卖馍

lǎo bó bo mài mò
老 伯 伯 卖 墨，

lǎo pó po mài mó
老 婆 婆 卖 馍，

lǎo pó po mài mó mǎi mò
老 婆 婆 卖 馍 买 墨，

lǎo bó bo mài mò mǎi mó
老 伯 伯 卖 墨 买 馍，

mò huàn mó lǎo bó bo yǒu mó
墨 换 馍 老 伯 伯 有 馍，

mó huàn mò lǎo pó po yǒu mò
馍 换 墨 老 婆 婆 有 墨 。

③e ·

亲子绕口令

阁上一窝鸽

gé shang yì wō gē
阁　上　一　窝　鸽　，

gē kě jiào gē gē
鸽　渴　叫　咯　咯　。

gē ge dēng gé gē shuǐ gěi gē hē
哥　哥　登　阁　搁　水　给　鸽　喝　，

gē zi hē shuǐ bù kě bù gē gē
鸽　子　喝　水　不　渴　不　咯　咯　。

④i

亲子绕口令

一二三

yī èr sān　　sān èr yī
一　二　三　，　三　二　一

yī èr sān sì wǔ liù qī
一　二　三　四　五　六　七　。

qī gè ā yí lái zhāi guǒ er

七　个　阿　姨　来　摘　果　儿　，

qī gè huā lán shǒu zhōng tí

七　个　花　篮　手　中　提　。

qī kē shù shang jiē qī yàng er

七　棵　树　上　结　七　样　儿　，

píng guǒ　　táo er　　shí liu　　shì zi　　lǐ zi

苹　果　、桃　儿　、石　榴　、柿　子　、李　子　、

lì zi　　lí

栗　子　、梨　。

⑤u

亲子绕口令

护树

běi fēng chuī luò lù biān shù

北　风　吹　落　路　边　树　，

xiǎo lù shàng qián bǎ shù hù

小　璐　上　前　把　树　护　。

yì gēn dà gān lù biān shù

一　根　大　杆　路　边　竖　，

yì tiáo shéng zi shuān kǔn zhù

一　条　绳　子　拴　捆　住　，

shù yǒu mù gān zuò zhī zhù

树　有　木　杆　做　支　柱　，

mù gān zhī shù shù wěn gù
木 杆 支 树 树 稳 固 。

⑥ ü

亲子绕口令

养鱼

dà qú yǎng dà yú bù yǎng xiǎo yú
大 渠 养 大 鱼 不 养 小 鱼 ，

xiǎo qú yǎng xiǎo yú bù yǎng dà yú
小 渠 养 小 鱼 不 养 大 鱼 。

yì tiān tiān xià yǔ
一 天 天 下 雨 ，

dà qú shuǐ liú jìn xiǎo qú
大 渠 水 流 进 小 渠 ，

xiǎo qú shuǐ liú jìn dà qú
小 渠 水 流 进 大 渠 。

dà qú li yǒu le xiǎo yú bú jiàn dà yú
大 渠 里 有 了 小 鱼 不 见 大 鱼 ，

xiǎo qú li yǒu le dà yú bú jiàn xiǎo yú
小 渠 里 有 了 大 鱼 不 见 小 鱼 。

绕口令是很多语言艺术门类练习口齿的方法，绕口令不仅能锻炼人的思维和反应能力，还有利于提高我们的注意力，是提高语言素质、锻炼口齿的有效方法。

　　绕口令的练习不仅可以加强咬字器官的力度和提高咬字器官的灵活度，同时也可以有效地锻炼呼吸、控制能力。刚开始练习的时候，要特别注意字音的质量，把每一个音发准，做到吐字准确、清晰、圆润。要由慢到快，逐渐加快速度。

　　韵母容易出现的问题是音素的口型问题以及分不清前后鼻韵母的问题。大家可以照着镜子练习。

i——ü：	jù jí　jù jué 聚集——拒绝	qián nián　quán nián 前年——全年
ie——üe：	qiè nuò　què qiè 怯懦——确切	xiē xī　xué xí 歇息——学习
ian——üan：	tián yuán　biān yuǎn 田园——边远	diàn quān　juàn liàn 垫圈——眷恋
in——ün：	xīn yún　jūn xīn 心云——军心	diàn xìn　diàn xùn 电信——电讯
a——ang：	bān zhǎng　shān gǎng 班长——山岗	dān yáng　tiān liàng 丹阳——天亮
ian——iang：	biàn liàng　diǎn jiàng 变量——点将	xiàn xiàng　xiāng biān 现象——镶边
uan——uang：	guāng suàn　diàn chuāng 光算——电窗	ruǎn chuáng　zhuǎn kuáng 软床——转狂
en——eng：	bēn téng　chén fēng 奔腾——尘封	fēn zhēng　féng rèn 纷争——缝纫
in——ing：	yǐn xíng　xǐng qīn 隐形——省亲	yín xìng　bìng yīn 银杏——病因
un——ong：	yùn yòng　dōng yún 运用——冬云	cūn gōng　lún dòng 村工——轮动

（3）声调练习

一个汉字就是一个音节，音节是语言中最小的使用单位。构成这最小使用单位的有三种成分，开始的音是声母，其余是韵母，构成整个音节音调高低升降的叫声调。声调区别音节的功能完全和声母、韵母一样重要。

普通话语音中有四个声调，阴平是第一声，阳平是第二声，上声是第三声，去声是第四声，统称为四声。

声调是否准确是把故事讲好、使语言优美动听的重要因素之一，声调就像音乐的旋律一样。

如果声调不准确，字意不清晰，就可能导致词义表达不清或者混淆的现象。

jié shuǐ　jiē shuǐ　　sòng qì　　sōng qì
节　水——接　水　　送　气——松　气

xiào　huà　xiǎo huā　　bài tuō　　bǎi tuō　　　cān jiàn　　cán jiǎn
笑　话——小　花　　拜　托——摆　脱　　参　见——蚕　茧

以上这几组词因为声调不同，所以词义也不相同。

因为历史的原因，同一个字，可能有不同的声调，普通话审音委员会于1985年制定的《普通话异读词审音表》规定了异读音的读音规范。

呆（dāi）板，不读ái

粗糙（cāo），不读zāo

教室（shì），不读shǐ

下载（zài），不读zǎi

混淆（hùn xiáo），不读hǔn yáo

模（mú）样，不读mó

火焰（yàn），不读yán

吐（tǔ）露，不读tù

质（zhì）量，不读zhǐ

乘（chéng）客，不读chèng

结束（shù），不读sù

暂（zàn）时，不读zhàn

在练习声调的时候，速度不用很快，要注意把四声读准确，出字要有力，咬住字头，拉开字腹，收住字尾，声音要连贯，气息要控制自如。

3.语流音变

在语流中，由于受到相邻音节、音素和语言环境的影响，一些音节中的声母、韵母或者声调或多或少地发生了语音的变化，这就产生了音变现象，这些变化的音节包括轻声音节、儿化音、变调音节和变音音节等等。这种音变现象虽然是普通话中的自然现象，但如果不能掌握其中的音变规律，说出的普通话就会让人觉得生硬、别扭，有时候还会影响意思的准确表达。要想把故事讲得自然、流利、准确、传情，就要根据表达的需要，恰当地处理好普通话的这些音变形式。

（1）儿化音

儿化音是普通话中的一种语音现象，词语里字音的韵母因为卷舌作用而发生音变的现象，称为儿化。儿化了的韵母，叫作儿化韵，在韵母后面加r表示儿化韵。儿化以后的字音仍然是一个音节，但带儿化韵的音节大多用两个汉字书写。一般情况下，这些作为后缀的"儿"字，都做次轻声处理。

请特别注意在讲故事时遇到具有政治性、科学性和学术性的字词应该尽量少用或不用儿化。有区别词义和分辨词性作用的时候一定要儿化，该儿化而不儿化就会产生误解。

儿化可以表示少、小、轻等状态和性质，比如男孩儿、玻璃球儿、针鼻儿、心眼儿、瓜子儿等等。可以表示喜爱、亲切的感情色彩，比如宝贝儿、小伙伴儿、小调儿、有趣儿、逗乐儿、浪花儿、面人儿、妙招儿等等。可以表示鄙视、轻蔑的语气和感情，比如丑角儿、抽空儿、没门儿等等。还具有区别词义、区分词性的功能，比如使动词、形容词等名词化，比如快板儿、乐儿、亮儿，等等。

这些儿化需要多多练习，争取形成脱口而出的习惯。北京及周边地区的方言，过多地使用儿化，而南方很多地区，很少使用儿化，这都是语言不规范的表现，都要特别注意。

还有一些约定俗成的儿化音，如果不按儿化音读，意思就变了。比如：

八哥儿（一种鸟）——八哥（排行第八的哥哥）

前门儿（房子的门）——前门（北京的地名）

破烂儿（名词）——破烂（形容词）

……

在讲故事的时候，我们要特别重视儿化音的使用，因为很多人在语言表达的时候往往会忽视儿化音。儿化音如果说不好，会让人觉得别扭。有的人会把儿化音去掉，比如说"让我们玩儿去吧"说成"让我们玩去吧"，把"心眼儿"说成"心眼"，这些都是不对的。有的人把儿化音读成单独的音节，这样也是不对的。其实"儿"只是表示一个卷舌的动作，不是独立的音节，发音的时候要注意发音部位靠后一点。

请试着读一读：

唱歌儿、橘汁儿、没谱儿、没门儿、奶嘴儿、门脸儿、模特儿、绕弯儿、小偷儿

亲子绕口令

蛐蛐儿

qiáng tóur gāo　　qiáng tóur dī
墙 头儿 高 ，　墙 头儿 低 ，

qiáng gā lár yǒu duìr qū qur chuī niú pí
墙 旮 旯儿 有 对儿 蛐 蛐儿 吹 牛 皮 。

dà qū qur shuō zuór ge wǒ chī le liǎng zhī huā bu lēng dēng
大 蛐 蛐儿 说："昨儿 个 我 吃 了 两 只 花 不 棱 登

de dà lǎo hǔ
的 大 老 虎 。"

xiǎo qū qur shuō jīnr ge wǒ chī le liǎng zhī huī bu liū diū
小 蛐 蛐儿 说："今儿 个 我 吃 了 两 只 灰 不 溜 丢

de dà jiào lú
的 大 叫 驴 。"

大蛐蛐儿说："我在南山爪子一抬，踢倒了十棵大柳树。"

小蛐蛐儿说："我在北海大嘴一张，吞了十条大鲸鱼。"

这两个蛐蛐儿正在吹牛皮，

扑棱棱打东边飞来了一只芦花大公鸡。

你看这只公鸡有多愣，

尖嘴哆的一声，吃了这只小蛐蛐儿。

大蛐蛐儿一看生了气，

它龇龇牙，捋捋须，

一抻腿儿，唉！它也喂了鸡！

吃葡萄

吃葡萄不吐葡萄皮儿

bù　chī　pú　tao　dào　tǔ　pú　tao　pír

不　吃　葡　萄　倒　吐　葡　萄　皮儿　。

（2）变调音节

一个音节因为受它后面另一个音节的影响，或者是约定俗成，这个音节不读原来的声调，而读另外的声调，这种现象叫作音节的变调。

音节的变调主要表现在"一"、"不"、三声的音节和"啊"字的音变。

① "一"的变调规律

◆ "一"在单独使用、在词尾、在句末、在和数词一起使用的时候，读音不变，依然读原声第一声阴平。

比如：第一页、一二三四五。

◆ "一"在第四声去声字前面的时候，读音变化为第二声阳平。

比如：一路、一律、一旦、一定、一阵风、一次性、一触即发、一箭双雕。

◆ "一"在第一声阴平、第二声阳平、第三声上声字前面的时候，读音变化为第四声去声。

比如：一边、一场空、一举、一口、一了百了、一家之言、一鼓作气、一言以蔽之。

◆ "一"被夹在两个重叠的动词中间的时候，变化读音为轻读，属于次轻音。所谓次轻音，就是虽然是轻读，但仍然能听出原有的声调，只是读得轻一些，弱一些。夹在中间的"一"字，依然要按规律随后面字的声调变调。

比如：闻一闻、歇一歇、写一写。

特别需要注意的是，"一"在有些字前面，因为含义不同，会有不同的读音，一定要具体问题具体分析。比如"一组"里的"一"是序数，和"二组""三组"是并列的，"一"要读原来的声调第一声阴平；如果"一组"表示全组的意思，"一组人全都参赛了"，这时候要按变调规律读第四声去声。

② "不"的变调规律

◆ "不"在第一声阴平、第二声阳平、第三声上声前面的时候，读音不变，依然读第四声去声。

比如：不曾、不才、不服、不管、不辞而别、不好意思、不劳而获、不期而遇。

◆ "不"在第四声前面的时候，变化读音为第二声阳平。

比如：不够、不对、不过、不顾、不伦不类、不近人情、不露声色。

◆ "不"被夹在两个重叠的动词中间的时候，变化读音为轻读，属于次轻音。

比如：看不看、想不想、写不写。

亲子绕口令

一心一意

gàn shén me gōng zuò dōu yào yì xīn yí yì
干 什 么 工 作 都 要 一 心 一 意 ，

biǎo lǐ rú yī yán xíng yí zhì mái tóu kǔ gàn
表 里 如 一 ， 言 行 一 致 ， 埋 头 苦 干 。

qíng xù bù néng yì gāo yì dī
情 绪 不 能 一 高 一 低 ，

yì　hǎo　yí　huài　　　yí　luò　qiān zhàng　　　yì　jué　bú　zhèn
一　好　一　坏　，　一　落　千　丈　，　一　蹶　不　振　。

不怕不会

bú　pà　bú　huì　　　jiù　pà　bù　xué
不　怕　不　会　，　就　怕　不　学　，

yì　huí　xué　bú　huì　jiù　zài　lái　yì　huí
一　回　学　不　会　就　再　来　一　回　，

yì　zhí　dào　xué　huì
一　直　到　学　会　，

wǒ　jiù　bú　xìn　xué　bú　huì
我　就　不　信　学　不　会　。

③三声音节的变调规律

音节连续发出的时候，其中有的音节的声调会受到后边音节的影响，从而发生一些变化。三声字单独使用，或者在词语的末尾时，读音不变，依然读三声。但如果三声字出现在其他音节的前边，将发生变调现象。

三声字在三声字前面的时候，前面的三声字读音发生变化，声调变得近似第二声阳平，即不下只上。比如：躲闪、反悔、改写。

④ "啊"字的音变规律

"啊"字句首做叹词和句中、句尾做语气助词的时候，因为受到前后语流和音素的影响，会发生音变。掌握"啊"字的变音规律，有利于我们在讲故事时正确、流利、有感情地表达。

◆ "啊"字在句首做叹词的时候，声调会发生变化，具体有以下几种情况：

• 表示惊异、赞叹的时候读一声阴平。比如："啊，她大叫了一声。"

• 表示追问的时候读二声阳平。比如："啊，爸爸去哪儿？"

• 表示惊疑的时候读三声上声。比如："啊，怎么会这样？"

• 表示应诺或明白过来的时候读四声去声。比如："啊！是你呀！"

◆ "啊"字在句末做语气助词的时候，因为受到前一字尾音的影响，往往产生同化、增音现象，语音会发生一些音变：

• "啊"字前一字的韵母是 a，o，e，i，ü 的时候，读ya，写作"呀"。比如："小白兔好饿呀！"

• "啊"字前一字的韵母是u，ao，ou的时候，读wa，写作"哇"。比如："好哇！"

• "啊"字前一字的韵尾是n的时候，读na，写作"哪"。比如："好困哪！"

• "啊"字前一字的韵尾是ng的时候，读nga，仍然写作"啊"。比如："行啊！"

• "啊"字前一个音节是zhi, chi, shi, er的时候，读ra，仍然写作"啊"。比如："真好吃啊！"

掌握了"啊"字的音变规律，讲故事的时候就能做到正确、流利、有感情。根据"啊"字的音变，书写的时候可以有形式上的区分。比如"呀""哇""哪"，也可以用一个"啊"字表示。但是在讲故事的时候，一定要按照"啊"字的音变规律发音。如果实在拿不准该发什么音，可以多做尝试，听起来最舒服的那个音就是您要找的音。

亲子绕口令

孩子真可爱啊

这些孩子啊（ya），真可爱啊（ya），

你看啊（na），他们多高兴啊（nga）。

又是作诗啊（ra），又是吟诵啊（nga），

又是唱啊（nga），又是跳啊（wa），

啊（a）！他们多幸福啊（wa）！

小贴士

容易读错的字

混

hún：混水摸鱼、混球儿

hùn：混为一谈、混乱

载

zǎi：一年半载、载入史册、转载

zài：拒载、载体、载送、风雪载途

供

gōng：供给、供稿、供销、供养（老人）

gòng：供词、供奉、供职、供养（祖先）

当

dāng：当地、当场、当今、当年（过去某一时间）

dàng：当作、当月、当天、当年（本年、同一年）

似

sì：类似、相似、似乎

shì：似的

泊

bó：淡泊、漂泊、停泊

pō：湖泊、血泊

藏

cáng：矿藏

zàng：宝藏

差

chā：偏差、误差、差价、差异

chà：差不多、差点儿

cī：参差

4.坚决杜绝错别字

亲子绕口令

似乎和似的

sì　hū　niàn　sì　hū
"似 乎" 念 "似 乎"，

shì　de　niàn　shì　de
"似 的" 念 "似 的"，

bù　néng bǎ　sì　hū　niàn chéng shì　hū
不 能 把"似 乎" 念 成 "是 乎"，

yě　bù　néng bǎ　shì　de　niàn chéng sì　de
也 不 能 把 "似 的" 念 成 "四 的"。

sì　dǒng fēi dǒng　dú　cuò bié zì
似 懂 非 懂， 读 错 别 字，

xiàng bái　zìr　xiān sheng shì　de
像 白 字 儿 先 生 似 的。

巴老爷

bā　lǎo　ye　yǒu bā　shí　bā　kē　bā jiāo shù
巴 老 爷 有 八 十 八 棵 芭 蕉 树，

lái　le　bā　shí　bā　gè　bǎ　shi yào zài　bā　lǎo　ye　bā　shí　bā
来 了 八 十 八 个 把 式 要 在 巴 老 爷 八 十 八

kē bā jiāo shù xià zhù
棵 芭 蕉 树 下 住 。

　bā lǎo ye yào bá bā shí bā kē bā jiāo shù
　巴 老 爷 要 拔 八 十 八 棵 芭 蕉 树 ，

bú ràng bā shí bā gè bǎ shi zài bā shí bā kē bā jiāo shù
不 让 八 十 八 个 把 式 在 八 十 八 棵 芭 蕉 树

xià zhù
下 住 。

bā shí bā gè bǎ shi shāo le bā shí bā kē bā jiāo shù
八 十 八 个 把 式 烧 了 八 十 八 棵 芭 蕉 树 ，

bā lǎo ye zài bā shí bā kē bā jiāo shù biān kū
巴 老 爷 在 八 十 八 棵 芭 蕉 树 边 哭 。

容易读错的姓氏：

"华"姓，正确读音huà（化），不读作"中华"的华。

"任"姓，正确读音rén（人），不读作"任务"的任。

"解"姓，正确读音xiè（谢），不读作"解放"的解。

"仇"姓，正确读音qiú（求），不可读作"仇恨"的仇。

"单"姓，正确读音shàn（善），不能读作"单位"的单。

5.口齿训练——亲子口腔游戏

在日常生活中我们常常能听到有些人说话的时候，吃字或是含混不清，不知道他在说什么。老师、家长在给孩子讲故事的时候，一定要把音发准，每个字、每句话都要让孩子听清楚。

　　平时训练的时候，我们可以多说说绕口令，这是锻炼口齿的好方法。很多人都会有误区，认为绕口令说得越快越好。其实不然，说绕口令的时候一定要把音咬准，字要说清楚，速度从慢到快循序渐进，最好能和几位同伴一起练习，家庭成员一起练习也会增加很多情趣。这样既可以相互督促、相互鼓励，还可以相互纠正不足之处。如果练习的绕口令比较长，也可以接龙练习，增加趣味性。

　　练习的时候要集中注意力，因为绕口令有很多发音相同的字，或者是发音相近的字，很多比较容易混淆的词语都集中到了一起。所以一定要全神贯注，最好先慢慢地读一遍，理解了整段话的意思之后再练习。

　　就像我们锻炼身体之前先热身一样，在练习绕口令之前我们也可以先做些预热准备，比如做一做口腔操，活动活动舌头和嘴唇。注意在干燥的地方我们可以先在嘴唇上涂一些润唇油，以免做动作的时候嘴唇撕裂。做口腔操的时候可以对着镜子练习。下面就让我们看一看口腔操的具体方法。

　　（1）开合练习

　　有一些人在说话的时候张不开嘴，做开合练习，就可以有效地改善这个问题。

　　具体方法：把嘴张开，像打哈欠时那样大，之后再把嘴巴自然闭上。张开的时候动作要柔和，嘴角有意识地向斜上方提起，舌头自然放平。张嘴、闭嘴四次为一组，反复做两组。

　　（2）咀嚼练习

　　做咀嚼练习，可以有效地锻炼口腔部位的肌肉。

　　具体方法：就像嚼口香糖一样，张开嘴巴咀嚼，再闭上嘴巴咀嚼，舌头自然放平，各做四次为一组，反复做两组。

（3）双唇练习

做双唇练习，可以有效地锻炼双唇部位的肌肉，对美唇也会有一些帮助。

具体方法：双唇自然闭合，向前、后、左、右、上、下运动，并且顺时针、逆时针转圈，最后轻轻抿嘴将双唇打响，就像飞吻一样，这样为一组，一共做四组。

（4）舌头练习

做舌头练习，可以有效地增加舌头的灵活度。

具体方法：把舌尖顶在下齿内侧不动，舌面逐渐上挺，两次为一组；让舌尖在口腔里交替地顶左右口腔壁，左右两次为一组；让舌头在牙齿外侧顺时针、逆时针转圈，各绕四圈为一组；让舌尖伸出口外向前、左、右、上、下伸，两遍为一组；让舌尖在口腔左、右侧顶上牙床，两次为一组；舌尖弹硬腭、弹口唇、与上齿龈接触打响，各两次为一组；舌尖与软腭接触打响，两次为一组。每次做两组。

常做口腔操可以有效地加强唇、舌部肌肉的力量，提高唇、舌的灵活度，提高对口腔的控制，从而达到吐字清晰集中、圆润饱满。

亲子绕口令

三国人物歌

yì bēi jiǔ　　Liú Guān Zhāng
一 杯 酒 ， 刘 关 张 ，

táo yuán jié yì qíng yì cháng
桃 园 结 义 情 意 长 。

Hǔ láo Guān qián zhàn Lǚ Bù
虎 牢 关 前 战 吕 布 ，

shā tuì Dǒng Zhuó lí Luò yáng
杀　退　董　卓　离　洛　阳　。　（换气）

èr bēi jiǔ　Guān Yún cháng
二　杯　酒　，　关　云　长　，

lì zhǎn Huà Xióng jiǔ wèi liáng
力　斩　华　雄　酒　未　凉　。

Huá róng dào shang fàng Cáo Cāo
华　容　道　上　放　曹　操　，

zhōng yì èr zì wàn gǔ yáng
忠　义　二　字　万　古　扬　。　（换气）

sān bēi jiǔ　Zhāng Huán hóu
三　杯　酒　，　张　桓　侯　，

wēi zhèn huá xià biān Dū yóu
威　震　华　夏　鞭　督　邮　。

dà hè yì shēng cáo bīng tuì
大　喝　一　声　曹　兵　退　，

Dāng yáng Qiáo duàn shuǐ dào liú
当　阳　桥　断　水　倒　流　。　（换气）

sì bēi jiǔ　Zhào Zǐ lóng
四　杯　酒　，　赵　子　龙　，

Jiāo chéng dà zhàn chēng yīng xióng
交　城　大　战　称　英　雄　。

Cháng bǎn pō qián jiù Ā Dǒu
长　坂　坡　前　救　阿　斗　，

Dōng wú zhāo xù bǎo zhǔ gōng
东　吴　招　婿　保　主　公　。　（换气）

wǔ bēi jiǔ　　Zhū Gě liàng
五 杯 酒 ， 诸 葛 亮 ，

chū chū máo lú shāo Bó wàng
初 出 茅 庐 烧 博 望 。

Dōng wú qiǎo shé zhàn qún rú
东 吴 巧 舌 战 群 儒 ，

cǎo chuán jiè jiàn zhù Zhōu Láng
草 船 借 箭 助 周 郎 。　　（换气）

liù bēi jiǔ　　Huáng Hàn shēng
六 杯 酒 ， 黄 汉 升 ，

nián guò qī shí lì qí gōng
年 过 七 十 立 奇 功 。

qiǎo shè jì móu shāo liáng cǎo
巧 设 计 谋 烧 粮 草 ，

Dìng jūn Shān xià chēng yīng xióng
定 军 山 下 称 英 雄 。　　（换气）

qī bēi jiǔ　　Zhōu Gōng jǐn
七 杯 酒 ， 周 公 瑾 ，

Chì bì dà zhàn shāo cáo jūn
赤 壁 大 战 烧 曹 军 。

Hé féi zài zhàn Zhāng Wén yuǎn
合 肥 再 战 张 文 远 ，

Sūn Quán mǎ tiào Xiāo yáo jīn
孙 权 马 跳 逍 遥 津 。　　（换气）

bā bēi jiǔ　　shǔ Mǎ Chāo
八 杯 酒 ， 数 马 超 ，

Xī liáng qǐ bīng fǎn Cáo Cāo
西 凉 起 兵 反 曹 操 。

fú zhù Liú Bèi xīng hàn shì
扶 助 刘 备 兴 汉 室 ，

Wǔ hǔ Shàng jiàng chēng yīng háo
五 虎 上 将 称 英 豪 。 （换气）

jiǔ bēi jiǔ Páng Fèng chú
九 杯 酒 ， 庞 凤 雏 ，

yǐn jū gāo shān dú bīng shū
隐 居 高 山 读 兵 书 。

Jiǎng Gàn dào shū cáo yíng qù
蒋 干 盗 书 曹 营 去 ，

qiǎo shǐ lián huán zhù Dōng wú
巧 使 连 环 助 东 吴 。 （换气）

shí bēi jiǔ Jiāng Bó yuē
十 杯 酒 ， 姜 伯 约 ，

Tiān shuǐ Guān qián bài Zhū Gě
天 水 关 前 拜 诸 葛 。

jiǔ fá zhōng yuán jūn wēi zhèn
九 伐 中 原 军 威 震 ，

zhì yǒng shuāng quán shì jì duō
智 勇 双 全 事 迹 多 。

二 语言表达技巧

讲故事需要用声音表达，语言表达技巧的好坏直接影响到讲故事的效果。我们要根据故事情节和角色情感的需要，把语言表达得有起有伏、有快有慢、有张有弛、有松有紧、有大有小、有高有低。这就要求我们从角色的性格入手，更准确、更鲜明地体现故事的艺术魅力，这就是语言艺术中所提到的抑扬顿挫和语言节奏。

我们要想把故事讲好，讲得有感染力，可以先从学习朗诵开始训练。朗诵诗歌、朗诵寓言、朗诵散文、说评书，都可以对提高语言表达水平有很大的帮助，可以从中领会和掌握语言表达的技巧。

同样一句话，如果重音和停顿的处理不同，句子的意思也会不同，下面举个简单的例子：

"晚上吃完饭我讲故事。"

如果我们把重音放在"晚上"，突出的就是时间。说明不是在上午，也不是在下午，而是在晚上。

如果我们把重音放在"吃完饭"，突出的就是具体时间。说明不是在吃饭前，也不是在睡觉时，而是在吃完饭后。

如果重音放在"我"，那么突出的就是人物本身。说明是"我"，而不是你或他。

如果重音放在"讲故事"，那么突出的就是事件。说明是"讲故事"，而不是做其他事。

不管是老师还是家长，在讲故事前首先要对自己的声音有信心，要有积极热情的态度，愿意用自己的声音去表达。如果连自己的声音都不喜欢、不自信，总觉得自己的声音不好听，那就很难把故事讲好。

法国著名演员老郭柯连曾经说过："嗓音的力量是不可估量的，任何图画的感染力，远远比不上舞台上正确发出的一声叹息那样动人。"

好的声音来自天赋，更需要后天的训练。

对于老师和家长来说，多掌握一些语言表达技巧，不管是对孩子还是对自己都会有很多帮助，因为语言表达对每一个人都很重要。

1.控制气息

气息是声音的动力，它可以产生能量。当我们在讲故事的时候要特别注意气息的控制。正确的发声、用气方法是语言表达的先决条件，即使您的声音很好听，但如果不会控制气息，就会破坏原有的音质，达不到预期的效果。如果您是一位语言艺术爱好者，不管是讲故事还是朗诵或者演讲，都要注意气息的控制。

在日常生活中，一般情况下我们只要把气吸到肺的上部，用这点气来推动声带的振动就可以说话了。如果我们说着说着气不够用了，也没有关系，再吸一口气接着说下去就行了。

但是在讲故事的时候，我们不可以太随意，至少要让声音饱满一些。从呼吸道呼出的气流变化是声音产生的能源，发音的时候它让声门上下产生气压差，使声带振动而发出声音。发音与平静时的呼吸是完全不同的，发音时呼吸的特点是呼气时间延长，吸气时间缩短，吸气量增加，呼吸的次数有所减少。

当我们给孩子讲故事或者读故事的时候，要保持声音自始至终音量不减，不能讲着讲着声音就变小了。让声音能够自如地表情达意，没有训练有素的气息控制是很难做到的。

要学会控制声音，一定先要学会控制气流，而气流主要是靠呼吸获得的，讲故事时的呼吸仅靠平时我们习惯的胸部和腹部呼吸是不够的，要采用胸腹联合呼吸方式。这种呼吸方式能够有效地减轻声带负担，增强语言的表现力和艺术魅力。

曾经接受过发声技巧培训的朋友，即使是在发音的时候，以膈肌为主的吸气肌也会保持适当的紧张度，调节呼气量，让发音能够持续圆润。这时候，腹肌保持充分的紧张。我们在发音的时候，无论是说话、演讲、讲故事还是唱歌，都需要调节呼气和吸气，就连反射性咳嗽、打喷嚏也需要呼气和吸气的协调，为了能讲好故事，这种呼吸的调整是非常必要的。

小贴士

发声的原理

我们在说话的时候，声音的发出与呼吸、发声和共鸣三个环节紧密相关。肺部呼出的气息通过气管振动喉头内的声带，发出微弱的音波，这种音波经过咽腔、口腔和鼻腔等腔体共鸣得到了扩大和美化，再经过唇、牙齿、腭等器官的协调动作，不同的声音就发出来了。这就是发声的简单原理。

进行气息训练的目的，就是为了使我们说话的时候，能够有足够的气息，可以支持声音连续地发出。因为气流的变化关系到声音的清晰度、响亮度和音色的圆润优美，也关系到嗓音持久性以及饱满充沛的情绪。气息是感情和声音之间的桥梁，只有在呼吸充裕并且能够得到有效控制的基础上，才能使声音得以控制，感情才可以得到抒发。所以气息的掌握和训练是训练语言表达十分重要的环节。

小贴士

怎样才能把气吸得多而且控制自如呢？

答案是增加肺活量。

我们要多参加户外运动，多做扩胸运动，平时饮食不挑食、不偏食，再通过系统、科学的方法进行训练，就可以有效地增加肺活量。

下面让我们学习一下扩大肺活量的呼吸方法，进行吸气、吐气练习。

"腹式呼吸法"：

深吸气，让气往下沉，把胸廓和腹腔之间的横膈膜向下压，使胸腔的上下径加长、加大。

当吸气的时候，很多人会有意地把胸挺起来，让肚子瘪下去，这是不对的。吸气的基本姿势是，保持挺胸的状态，让肚子鼓起来，挺直后腰。发声呼气的时候要用腹肌控制出气量的大小和力度，在小腹肚脐下三指处形成一个支点。

吸气的时候，我们可以先把手放在我们的丹田位置，也就是肚脐往下三指的位置。把眼睛闭上，想象着面前有一朵茉莉花，好像我们在闻花香，闻完花香之后，不要松气，紧接着练习一段绕口令，直到呼完这口气。

一个勺儿，两个勺儿，

三个勺儿，四个勺儿，

五个勺儿，六个勺儿，

七个勺儿，八个勺儿，

九个勺儿，十个勺儿，

九个勺儿，八个勺儿，

七个勺儿，六个勺儿，

五个勺儿，四个勺儿，

三个勺儿，两个勺儿，

一个勺儿。

一口气说完才算好。

这段绕口令，既能够训练气息，又可以练习口齿。请注意正确、清楚地说好每一个发音、吐字，不要为了追求一口气读完，而出现吃字、含糊的现象。这段绕口令是一口气说到底，中间不能换气，刚开始练习的时候，从哪里停下来都没有关系，只要循序渐进，不断练习，就可以一次比一次说得多。

如果可以几个人一起练习，会增加趣味性，让练习更好玩、更有趣。

经过反复练习，我们的肺活量一定会有所增加，声音也会越来越洪亮、持久。

我们还可以做快吸快呼、快吸慢呼、慢吸快呼、慢吸慢呼的练习。快吸气的时候，嘴和鼻子同时吸气；慢呼的时候，可以举起一个手掌，放在嘴的前面，把气吹在手心上，气要吹得集中、均匀，一口气吹得时间越长越好。

小测试

看看您是否需要加强呼吸练习

请您准备一个计时器。

请您起立站好，两脚分开，距离和双肩一样宽，肩膀放松，两只手自然地搭在一起，手里拿着计时器。想象眼前有一朵茉莉花，深深地吸一口气，小腹有胀满的感觉，然后以丹田为支点，嘴里轻轻地发出带有声带震颤的"咝"的声音，发音的同时开始计时。

这时候需要注意的是，气要慢慢地、均匀地呼出。整个过程中只能用这一口气发"咝"音，这口气呼完了，就停下来。停止计时，把时间记下来。

如果您的"咝"声能坚持40秒以上，说明您的吸气量非常好，吸得又多又深。这一关您已经通过了，可以练习其他内容了。

如果您的"咝"声能坚持30秒，说明您的吸气量很好。

如果您的"咝"声只坚持10秒，说明您还需要加强这部分内容的练习。

一个月之后，请再测一次。经过一段时间的练习，看看您的吸气量有没有增加。在练习的时候，最好把每次计时的时间记录下来，这样便于查找和比较。

亲子绕口令

请大声读出下面的绕口令《玲珑塔》，争取在中间少换气。

玲珑塔

sēng rén zhèng shǔ líng lóng tǎ
僧　人　正　数　玲　珑　塔，

tái qǐ tóu lái kàn fēn míng
抬　起　头　来　看　分　明：

tiān shang kàn　　mǎn tiān xīng
天 上 看 ， 满 天 星 ，

dì xià kàn　　yǒu gè kēng
地 下 看 ， 有 个 坑 ，

kēng lǐ kàn　　yǒu pán bīng
坑 里 看 ， 有 盘 冰 。 （换气）

kēng wài zhǎng zhe yì lǎo sōng
坑 外 长 着 一 老 松 ，

sōng shang luò zhe yì zhī yīng
松 上 落 着 一 只 鹰 ，

yīng xià zuò zhe yì lǎo sēng
鹰 下 坐 着 一 老 僧 ，

sēng qián diǎn zhe yì zhǎn dēng
僧 前 点 着 一 盏 灯 ，

dēng qián gē zhe yí bù jīng
灯 前 搁 着 一 部 经 ，

qiáng shang dìng zhe yì gēn dīng
墙 上 钉 着 一 根 钉 ，

dīng shang guà zhe yì zhāng gōng
钉 上 挂 着 一 张 弓 。

shuō guā fēng jiù guā fēng
说 刮 风 就 刮 风 ，

guā de nà nán nǚ lǎo shào nán bǎ yǎn jing zhēng
刮 得 那 男 女 老 少 难 把 眼 睛 睁 。 （换气）

guā sàn le tiān shang de xīng
刮 散 了 天 上 的 星 ，

guā píng le dì xià de kēng
刮　平　了　地　下　的　坑　，

guā huà le kēng lǐ de bīng
刮　化　了　坑　里　的　冰　，

guā dǎo le kēng wài de sōng
刮　倒　了　坑　外　的　松　，

guā fēi le sōng shang de yīng
刮　飞　了　松　上　的　鹰　，

guā pǎo le yīng xià de sēng
刮　跑　了　鹰　下　的　僧　，

guā miè le sēng qián de dēng
刮　灭　了　僧　前　的　灯　，

guà luàn le dēng qián de jīng
刮　乱　了　灯　前　的　经　，

guā diào le qiáng shang de dīng
刮　掉　了　墙　上　的　钉　，

guā fān le dīng shang de gōng
刮　翻　了　钉　上　的　弓　。　（换气）

zhǐ guā de
只　刮　得：

xīng sàn kēng píng bīng huà sōng dǎo yīng fēi sēng zǒu dēng miè jīng luàn
星　散　坑　平　冰　化　松　倒　鹰　飞　僧　走　灯　灭　经　乱

dīng diào gōng fān de yí gè rào kǒu lìng
钉　掉　弓　翻　的　一　个　绕　口　令　。

在说这么一大段绕口令的时候，我们要保证气息平稳，不能让自己的声音忽大忽小。如果调整不好气息，在不恰当的地方偷气、换气，听起来就会觉得很不舒服。

其实我们的喜、怒、哀、乐、忧、恐、惊的情绪都是可以借助我们的气息控制来表达的。

在高兴的时候，您可以提着气说："今天爸爸要给你讲故事了。"

在发怒的时候，您的呼气气流很大，喘气声粗重："你骗人！"

在哀伤的时候，您呼吸很深，快快地吸气，慢慢地呼气："我家的小猫病了。"

在快乐的时候，您抬头挺胸，放开声音："我学会讲故事了。"

在忧愁的时候，您慢慢地吸气，重重地呼气："你能再帮我想想办法吗？"

在恐惧的时候，您先吸气，再把气息往后放："又地震了！"

在惊讶的时候，您先吸气，再沉气："这么快就讲完了？"

另外，在唱歌的时候挑挑眉、瞪瞪眼睛都有助于调节气息，同样，讲故事的时候我们也可以这样做。

总而言之，控制气息是发声的基本条件，在练习的时候应该注意：始终保持腹、腰、胸、颈、口五位平衡。气息的运动是人体内部的运动，而内部运动是否正常，直接取决于外部姿势是否正确。如果姿势不正确，比如弓腰、耸肩、驼背，气息就不会那么通畅。

另外，气息的稳定性和气息控制的好坏直接影响着发声的平稳，所以平时练习的时候要特别注意气息的平稳，只有气息平稳了，声音的音量才会前后一致。

2.发声

在我们整个身体中，对发声起作用的器官有声带、口腔、咽腔、鼻腔、胸腔、膈肌、腹肌等，嗓音就是这些器官相互配合协作、共同带动的结果。我们可以把这些和发音有关的器官分为四类，也就是发音器官、动力器官、共鸣器官和咬字器官等四个部分，它的整个装置就像乐器一样，不仅能够发出美妙的乐音，也可以发出大量的噪音。下面就让我们来认识一下这些发音器官。

（1）发音器官

发音器官藏在喉头气管里，是一对像竖起来的嘴唇形状的薄膜，左右并列，富有弹性，它就是我们多次提到的声带，两条声带之间叫作声门。平时不说话发声的时候，两条声带是分开的，呼吸的时候可以让气流自由出入。

发声说话的时候，大脑发出指令，两条声带闭拢，做好发声前的准备，当气流从肺部呼出，冲出声带的阻力，声带发生了震颤，声音就产生了。发声的时候，声带不断按大脑发出的指令，在呼吸的密切配合下，调整长度、厚度和张力，让声音产生高、低、强、弱的变化。

声带发出声音，一部分是自身机能的原因，另一部分是依靠声带周边的肌肉群协助进行发声运动的。我们在做发声训练的时候，应该充分注意到这些肌肉群的功能作用，合理地运用它们，特别是要养成良好的用嗓习惯，避免在不正确的发声习惯下破坏嗓子。在喉咙的上部与舌根之间，有一个很重要的软骨，叫会厌。会厌有两个方面的功能，一是起到保护声门的作用。当我们吞咽食物或者饮水的时候，会厌本能地自动盖住气管，让食物通过的时候避免误入气管。有的人平时喝水不小心，一边说话一边喝，被水"呛"了，就是会厌动作不协调所引起的，因为它实在不知道您是在喝水呢，还是在说话。所以我们要保护嗓子，就要养成在吃饭、喝水时不说话的好习惯。会厌的第二个功能是在讲话的时候竖起，形成通道，让声音流畅地输出。

如果声带不动是发不出来声音的，只有气息流动使它发生震颤，才能发声，这气息就成了发声的动力。

其实，很多乐器的发声原理和我们人类自身的发声原理很像，比如小提琴、吉他、二胡、扬琴、钢琴、古琴等等，都是靠琴弦的振动发出声音。乐器中有的是靠琴槌的敲打发生振动，有的是靠弓子与琴弦的摩擦发生振动。我们人类呢，声带就好像乐器上的弦，我们发声是靠气息流动让声带振动的。

气息又是从哪里来的呢？它来自肺。储存在肺里的空气，在呼吸运动中形成气流，通过气管达到喉腔，对准备发声而闭合的两条声带实行冲击，气从两条声带中间的缝隙中流过，于是声带就发生了震颤，它和其他发声器官共同协作，才能产生声音，所以气息是发声的动力。和气息有关的器官有肺、气管、肋骨、横膈膜等，这些器官被称为发声的动力器官。

仅仅靠气息推动震颤起来的声带是很小的，它所发出来的声音既微弱也不动听，这个声音被称为"喉原音"。想想看，每一种乐器都有一个共鸣箱，可以放大和美化琴弦所发出来的声音。我们人体也一样，也有放大和美化"喉原音"的"共鸣箱"，而且不止一个。和发声有关的共鸣器官有口腔、咽腔、鼻腔、头腔和胸腔，等等。

一般我们发高音的时候，我们以头部腔体共鸣为主，声音特点是高亢、明亮、丰满；发中音的时候，不高不低，以口腔、咽腔、喉腔共鸣为主，这种声音清晰真挚、丰富多彩，令人感到亲切；当我们发低音的时候，是以胸腔共鸣为主，声音特点是浑厚有力，音质丰富。

被放大和美化后的声音，仍然不是我们能够听懂的语言。要让它变成我们能够理解的语言，还要经过咬字器官的精细处理。咬字器官包括口腔内的舌、唇、牙齿、硬腭、软腭、齿龈等。发音的时候，舌头不断地前伸、后缩，嘴唇不断地平展、收圆，牙齿不断地张开、闭合，硬腭、软腭不断地上抬、下垂。

这些器官活动时的位置和不同的着力部位，形成了辅音和元音，也就是语言。发声的时候，咬字器官的各个组成部分，它们的动作比平时更加敏捷、夸张。敏捷是为了使咬字更准确、清晰；夸张是为了使美化的元音或者韵母通畅地发挥。所以咬字器官是我们在吐字、咬字时的物质基础。声音是讲故事的基础，要训练好声音，首先就要了解我们人体中所有参与发声的器官的构造和作用。这些器官相互配合、协作，由此产生出千差万别的语音。

总之，人类的发音器官从声带到嘴唇有170毫米长的通道，发音的时候通过咽腔和口腔两个共鸣腔，还可以打开鼻腔，口腔中的舌头动作快速灵活。有了这样的装置，我们才能发出各种各样的声音。

同样是说一句话，有的人说得很生动，有的人说得却苍白无力，很平淡，这就是我们进行语言表达训练需要解决的问题。

如果语言表达得好，声音就会更加富有魅力和表现力，就能更吸引孩子，孩子即使不看您的表情或者书中的图画，也能感受到故事中角色的喜怒哀乐、动作神态，从您的声音中感受到故事的魅力，所以如何发声对讲故事来说有着重大意义。

在日常生活中我们经常听到不同类型的发声法，所以我们在讲故事的时候，也要根据角色不同的年龄、性格、状态，来创造不同类型的声音。要根据角色的需要调整自己的发声方法，尽量贴近角色的语言特征、喜怒哀乐。这就需要我们平时有意识地锻炼自己，学会细心观察。

比如平时和老爷爷、老奶奶、爸爸、妈妈、叔叔、阿姨、小朋友等人接触的时候，可以仔细观察他们说话的神态、发声的位置、发声的方法等，找出规律，储存在脑子里，一旦在故事中碰到相应角色的时候，就可以随时调出储存好的记忆，活灵活现地表现角色感情。

我们在练习的时候，可以把故事中的句子、语气和在一起练习。声音不要太大，不要大喊大叫，要学会保护好自己的嗓子。

在刚开始练习的时候，您可以准备一个录音机，或者复读机，或者其他录音设备，把自己认为比较成功的声音录下来，然后自己听着录音找出存在的问题。

小贴士

听自己的声音和别人听到的为什么不一样？

很多人都有这样的疑问，为什么从录音机里听到的自己的声音和平时自己说话的声音不一样？听自己的声音和别人听到的也不一样？这是因为声波的传输通道不一样。当您说话的时候，声音会沿着两条不同的渠道传播，一条是通过空气传播，这个传播途径上的声音会让其他人听到；另一条是通过头骨传播，这个传播途径上的声音只会让您自己听到。

通过空气传播的声音会受到环境的影响，它的能量会产生大量的衰减，音色也会产生变迁，在到达其他人的耳朵时，要通过外耳、耳膜、中耳，最后进入内耳，这个过程也会对声音的能量和音色产生影响。

通过头骨传播的声音是经过喉管与耳朵之间的骨头直接到达内耳的，声音的能量和音色的衰减和变迁相对很小。

别人从电话里听到的您的声音和您从耳机里、录音机里听到的自己的声音是一样的，是最本真的声音，与您在平时日常生活中说话的声音在能量和音色上会有一定的差异。有的人差异大，有的人差异小。

（2）音长练习

练习语言表达的时候，控制好声音的长度也是非常重要的。

在语言表达中也许只有一个简单的字"啊""嗯"，如果您表现的音长不同，情感也会有所不同。

比如"能把你的糖给我吃吗？"这句问话，如果得到的回答是简单而有力的"嗯！"说明对方是很痛快地答应了您吃糖的请求；如果回答是"嗯——"，音长有拖长，那就表明对方在犹豫不决，他没想好要不要把糖给您。

音长经常会影响到一个人微妙情感的表达，法国著名学者丹纳曾经在《艺术哲学》中写道："人的喜怒哀乐，一切骚扰不宁、起伏不定的情绪，连最微妙的波动，最隐蔽的心情，都能由声音直接表达出来，而表达的有力、细致、准确，都无与伦比。"

在讲故事过程中，改变音高、音强、音长或是音色，就可以改变声音的各种外部表现，从而使故事的语言呈现出千变万化、千姿百态的魅力。所以在平时练习的时候，我们要多注意这方面的反复比较，试试看如果把某个字的发音拉长一些会有什么变化，这种练习本身就充满了乐趣。

（3）发声练习

我们的发声器官，只要在生理方面没有缺陷，又具备发声的基本条件，再经过长期的训练和护理，就能够如鱼得水，运用自如。

①气息和振动练习

◆ 练习"嘿"音

现在我们一起来发"嘿"的音，可以用不同的方式，比如连续地发、时断时续地发、变调地发，要运用自如，体会嗓音在亮度和响度之间的配合。亮度是指声音的磁性、豁亮、明亮、不闷；响度是指音量的大小。所说的配合就是指声音的弹性，也就是声音变化状态的熟练度。

◆ 练习"哈"音

现在我们一起来发"哈"的音，可以大声地发。这个时候，把手放在脖子下面，体会发音时身体的振动，这是胸腔共振的练习。

◆ 练习鼻音韵母

练习鼻音韵母，比如 an，ang，en，eng，in，ing。

我们可以通过相关的绕口令来练习，在其中体会鼻腔的共振，这些共振如果运用得好，声音就会变得很好听。

亲子绕口令

红饭碗

hóng fàn wǎn　　huáng fàn wǎn
红 饭 碗 ， 黄 饭 碗 ，

hóng fàn wǎn chéng mǎn fàn wǎn
红 饭 碗 盛 满 饭 碗 ，

huáng fàn wǎn chéng fàn bàn wǎn
黄 饭 碗 盛 饭 半 碗 ，

huáng fàn wǎn tiān le bàn wǎn fàn
黄　饭　碗　添　了　半　碗　饭　，

hóng fàn wǎn jiǎn le fàn bàn wǎn
红　饭　碗　减　了　饭　半　碗　，

huáng fàn wǎn bǐ hóng fàn wǎn yòu duō bàn wǎn fàn
黄　饭　碗　比　红　饭　碗　又　多　半　碗　饭　。

②呼吸小游戏

◆　吸气小游戏

●比如现在快到午餐时间了，忽然从窗外飘来了炖肉的香味，请您使劲闻闻，到底是炖牛肉呢，还是炖羊肉？请大家闻闻看，究竟是哪种肉的味道？

●比如您手里拿了一朵茉莉花，请您闻一闻茉莉的花香。

◆　呼气小游戏

●请您先把桌子擦干净，之后再用嘴去吹桌面，检查一下桌上是否还有尘土。

●把一张纸巾打开放在桌上，吸足气，一口气把纸吹落。再把几张打开的纸巾放在桌子的四个角，深吸一口气，依次把纸全都吹落。

③距离发声练习

如果是老师在给幼儿园的小朋友讲故事，声音不能太小；如果是家长给自己的孩子讲故事，声音不能太大。所以我们要锻炼善于掌握空间距离的分寸，要学会十分精确地运用声音。

比如您现在正指挥一个队伍，需要发出不同的口令："立正！""向右看——齐！""向前——看！"等等。请您分别按指挥一个人、五个人、十个人、五十个人、一百个人、一千个人等不同数量的队伍进行操练，练习控制声音的大小。

④障碍发声练习

有些人在说话的时候有唾沫四溅的不好习惯，想想看，在您给小朋友讲故事的时候，您讲得眉飞色舞，可您面前的小朋友却被您喷了一脸，多尴尬呀！下面我们来用含水说话的方法来帮您克服这个问题。请您在嘴里含一小口水，说话或大笑30秒，尽量不让水流出来。

⑤口技练习

当我们看到口技演员用嘴模仿出各种鸟、鸡、鸭的叫声时，我们会感觉很神奇，也很羡慕，其实对于给孩子讲故事的家长和老师来说，学习掌握一些牛、羊、鸡、鸭、猫、狗、鸟的叫声，以及雷、风、火车、汽船等类似的声响是非常有好处的。如果这些声响学得像，表明您找到了合乎它们发音的特点与规律，这对于我们人类的发声器官是无害的，而且还能扩大和丰富故事讲述的色彩。

在练习语言技巧的过程中，我们要处理好感情和声音的关系，要以情带声。要结合实例来练习，把声音练活。要在理解、感受的基础上，让思想感情真正动起来，最大限度地调动情感的力量来"自动"调节发声器官的活动，做到得心应口，自如发声。

练习气息和发声的时候除了集中注意力，还要尽量让气息和声音向前下方发，不要飘起来。舒展、通畅、自然的声音才是好声音。

如果您希望得到一个持久耐劳、响亮清脆、运用自如、富有感染力和表现力的好嗓子，一定要勤学苦练、多实践、多总结。

发声训练不是一朝一夕就能练好的，它既需要有正确的理论指导，也要用符合科学的方法练习，同时还需要坚持不懈。俗话说"拳不离手，曲不离口"，"朝朝如是，日日皆然"，就是这个道理。

⑥共鸣控制

我们靠着气息的推动，使声带发声震颤，就发出了声音。但要使声音洪亮、悦耳、甜美、动听，您还需要了解正确的共鸣方法，运用好自己的共鸣腔。发音由胸腔、口腔、鼻腔、头腔等共鸣产生。共鸣控制练习是改善声音质量的重要环节，它不但可以影响声音的大小，还能直接影响声音的表现力。如果只靠增加震颤声带力度，只是靠扯着嗓子硬喊，是会把嗓子喊哑的。

每个人的中音区基本上都是自然音区，不需要刻意练习就可以发出来，但作为希望把故事讲好的您，还是需要经过练习，才可能让自己的音质优美，不随意。练习的时候，需要您做好气息准备，做好中音区发声共鸣腔的配合。

中音区发声练习以口腔、咽腔、喉腔和鼻腔共鸣为主。吸气要柔和深入，丹田处准备好支点。发声时声音要力求圆润、明亮。

3.重音

为了清楚地表达一句话的内容、内涵和感情，必须重读或者特殊处理其中的一些字和词。语句中需要重读或者需要做特殊处理的字和词，就是语言的重音。

（1）重音的分类

重音又可以分成"词重音"和"语句重音"。

词重音：

把一个词或者一个词组中的某个字读得重一些、强一些，称为"词重音"。

普通话的语言中由两个字组成的词很多，有的词是两个字的音量一样。比如：节奏、喜鹊。

有的词要求重读第一个字。比如：脖子、嗓子、姿势。

有的词要求重读第二个字。比如：毛巾、肥皂。

三个字组成的词或者词组，有的重读第一个字，比如：绿菜花、花头巾。

有的重读第二个字，比如：无花果、日全食。

有的重读第三个字，比如：巧克力、毛巾被。

四个字或者四个字以上的词或词组，一般都会重读最后一个字。比如：日积月累、锦上添花。

在一个词或者词组里，对重音的要求很高，如果重音读得不同，意思也会不同。

比如：提到——踢倒　　孙子（晚辈）——孙子（古代军事家）

语句重音：

在不同的情况下，为了强调不同的意思，语句的重音会有所不同。

语句重音又可以分为逻辑重音和感情重音。

逻辑重音是把突出句子主要意思或者特殊含义的字词重读，是符合语言逻辑的重音。

同样一句话，强调不同意思的时候，要重读的字和词也会不同。

比如"我想吃饭"这句话，如果按照说话者的意思，按照语言逻辑，可以选择不同的重音。

我想吃饭。（重音是我，表示想吃饭的人不是您，也不是他，而是我）

我想吃饭。（重音是想，但不一定马上就去吃）

我想吃饭。（重音放在吃饭，而不是去睡觉、锻炼）

请您一定重视语句重音的处理，在讲故事的时候，要按照语言的意思确定重音，而不是习惯性地"拿调"，带有很大的随意性，把不应该重读的字或者词重读了，反而把应该按意思重读的字词一带而过，使孩子听不懂您要表达的意思。

（2）重音的作用

重音在语句中所起的最重要的作用就是加强故事的表现力。

重音不光要位置找得准确，还要从声音形式上有所体现，让孩子在听觉上能鲜明地感受到、准确地领悟到您所要表达的情感态度。

在讲故事时，也许您所找的重音位置很正确，但是由于重音强调手法不当，只会提高音量，也不能起到应有的作用，让孩子听着生硬、突兀，没有感染力。在讲故事时表达手法的单一也是形成"平腔平调"的一个重要原因。

所以重音不仅关系到表达的清晰度，而且在把故事表现得生动、形象的效果上也有不可替代的作用。恰当的、丰富的重音表现手法，能增强讲故事的表现力和感染力。

（3）确定重音位置

要确定一句话的重音位置，首先要找准中心词，这就需要您对故事的背景和内容做充分的了解，准确理解所要表达的内容，把故事中要表达的转化成您心里想说的话，要说的话。

在找不准重音的时候可以多做尝试。

（4）重音的表达

重音表达的基本原则是遵循故事的思想感情。在我们讲故事的时候，就算您找到了句子中重音的位置，如果不讲究重音的表达方法，还是无法完整地表现出来。

请注意重音与字音轻重不是一个概念，重音存在于故事的字里行间。重音因感情而定，重音并非只有"轻重"的字音特征，还有"缓急""高低""明暗"等多种语音特征，所以重音的表达方法是多种多样的，不仅仅是加大音量、音强。

重音有很多种表现形式，如重音重读，提高声音，强度、声音拉长，从而起到强调的作用。

比如："明天可以睡个大（拉长音）懒觉！"

重音的表现方式还包括：重音轻读，减弱音量，轻轻读，或者声音拉长、缩短。

比如：这就是——爱。（轻声拉长）

这就是爱。（重音，重声）

这就是爱。（虚声）

再比如："那是我发自肺腑的话呀。"这里的"发自肺腑"就是虚声。

语速的变化也可以起到强调的作用。

比如："你还要出去？我——不——同——意！"（重音，慢）

重音可以采用重读的方法，但作为讲故事这种语言艺术，我们还可以采取很多种方法来表现，比如突然把要读重音的字词轻轻地读，突然把语速放慢，把重音字词拖长声音，夸张地读重音字词，在重音字词上用笑音、哭音、气音、颤音等装饰音处理。这就是我们常说的语言艺术的表现力。.

重音是为了达到强调的目的，但是如果把整个故事都设计成重音，那样也达不到强调的目的，因为全是重音就相当于没有重音。所以，重音要少而精。

4.停顿

　　人在说话的时候，中间总会有停顿。一方面是因为生理需要，因为我们在发声的时候要靠气息支撑，除了很短的句子、很简单的意思以外，不可能没有停歇地一口气说到底，必须有不断地补充、调整气息和调节声音的生理过程。人不喘气，就会被憋死。

　　另一方面，需要停顿是因为内容和感情的需要。在讲故事的时候我们要把握好语句的含义，找准停顿的位置。一般来说，感情复杂时停顿就会多，感情简单时停顿就会少。

　　停顿的时候可以换气，也可以不换气。

　　停顿在讲故事中起到了重要的作用，它可以准确地传达语意，是讲故事时不可缺少的手段，同时也是吸引和感染孩子的重要手段。

　　停顿用无声对比有声，是为了要引起孩子的期待，期待下一句话、下一个动作或其他角色的反应，等等。正所谓"此时无声胜有声"。

　　停顿主要有语法停顿、逻辑停顿、感情停顿等三种。

　　（1）语法停顿

　　语法停顿是汉语普通话语法结构本身所需要的一种自然停顿。

　　故事中以标点符号分句，以内容分段落。遇到标点符号，一般都要停顿，如果是一个段落结束了，更需要停顿。停顿的长短要按语法结构安排。

　　比如：顿号、逗号，停顿比较短。

　　分号、句号、冒号、破折号停顿适中。

问号、惊叹号、省略号停顿比较长。

段落之间一定要有停顿。

（2）逻辑停顿

逻辑停顿是因语言逻辑和思维逻辑的需要而做的停顿，目的是把故事内容更清楚、更明白地表达出来。在句子中没有加标点的地方，也可以按逻辑停顿设计出标点停顿。

我国古人就明白语句停顿的重要性，留下了"下雨天留客天留人不留"的故事。

有位穷书生到富亲戚家串门，外面下起雨来，这时候天色已晚，他只得打算住下来。但这位亲戚却不愿意，于是就在纸上写了一句话：

下雨天留客天留人不留

穷书生看了，马上明白了亲戚的意思，却又不好意思明说，心想：一不做，二不休，干脆加了几个标点：

下雨天，留客天，留人不？留！

亲戚一看，这句话的意思完全变了，也就无话可说，只好给书生安排住宿。

其实，这句话除了书生这种标法以外，还有若干种标法，可以分别使它变成陈述、疑问、问答三种句式。

①下雨天留客，天留，人不留。

②下雨天留客，天留人不留。

③下雨天，留客，天留，人不留。

④下雨天，留客，天留人，不留。

⑤下雨天留客，天留人不？留！

⑥下雨天，留客天，留人不留？

⑦下雨天，留客天，留人？不留！

⑧下雨天留客，天！留人不？留！

⑨下雨天，留客！天！留人不留？

逻辑停顿会让故事中的人物更富有生命力。逻辑停顿力求表达出潜台词，如果没有逻辑停顿，语言就没有了色彩。逻辑停顿不是思想感情的中断和空白，停顿是声音暂时的休止，但是心理活动和发声气息并没有中断。这个时候，您的情绪正在酝酿，情感的凝聚或转换、刺激与反馈的体验也都是在停顿时延续或启动，之后在声音中展现，引起共鸣。

设计停顿，一定要把上下句的意思弄明白，如果不做分析，想在哪里停就在哪里停，会让孩子迷惑，甚至误解其中的意思。

比如："乌龟打败了兔子获得了赛跑的第一名"。

如果停顿的地方在"打败了"的后面，"乌龟打败了，兔子获得了赛跑的第一名"。意思是兔子赢了。

如果停顿的地方在"兔子"的后面，"乌龟打败了兔子，获得了赛跑的第一名"。意思是乌龟赢了。

逻辑停顿和逻辑重音相关联，一般是在"谁""在什么地方""做什么"的前后设计停顿，目的是把故事的意思表达清楚。

（3）感情停顿

感情停顿是因复杂、激烈的感情冲击，让语言节奏发生变化，根据感情抒发的需要而设计的停顿。

停顿的表现手法多种多样，有的停顿长一些；有的停顿短一些；有的时候急停；有的时候停得比较柔和；有的会采用连停法，就是声音停止但气息不断，用一口气接着说下一句；有的时候会采用停顿字长音法；还有喘气法、弱声法，等等。

究竟如何停顿，需要您在准备故事时进行仔细的推敲、研究。

5.节奏

因为我们把握了重音和停顿，对故事做了各种不同的设计和处理，让故事在语言节奏和语调上也发生了变化。我们说话之所以不会像催眠曲那样让人昏昏欲睡，就是因为有了节奏。

（1）什么是节奏

节奏是物质运动变化周期的标志。生活中时时处处有节奏。一天中有三顿饭，有白天黑夜之分；在艺术领域，节奏更是十分明显。

节奏是指语言的紧疏快慢，语调是指语言的起伏高下。它们都是以内心情感为依据，通过音高、音强、音长和重音以及停顿的不同变化和组合来体现的。

（2）什么是语言节奏

语言节奏是讲故事的时候由您内心情感和情绪控制的，表现出语言速度的快慢，声音的高低起伏、抑扬顿挫、轻重缓急，这些不断循环往复的现象就被称为语言节奏。

除了音长之外，节奏还包含重音、停顿、连接、语气、语调、语速、轻声等多种语言声音元素的往复变化。

需要注意的是，单一的语气、语调是不能表现节奏的，这些语言的声音表现只有以各种不同的形式循环往复地出现，才能被称为节奏。

(3) 语言节奏特点

一般来说，紧张、激烈的地方，语言速度就可以快一些，声音就可以高一些；悲痛、神秘的地方，语言速度就可以慢一些，声音低一些。但是这种快与慢、高与低，都不是简单地设计的，这些都取决于故事情节以及角色的心理情感，喜、怒、哀、乐、惊、恐、悲，这些才是语言节奏和语调的内心依据。

一般情况下，性格泼辣、急性子的人说话会快一些，也就是我们常说的"快人快语"；性格柔弱、慢性子的人说话会慢一些，也就是我们常说的"慢人语迟"。年轻人的语言速度快，老年人的语言速度慢。从语调上，一般问话是升调，肯定语是降调。

语言节奏是我们内心节奏的外在表现，因为内心情感和节奏是丰富多变的，所以会形成语言节奏的丰富多彩。有比较，才有变化；有重组，才有节奏。声音形式的高低、快慢、强弱、虚实等不同的组合，让节奏丰富起来。根据语言声音形式的速度、力度和明暗的特点，把节奏分为轻快的、凝重的、低沉的、高亢的、舒缓的、紧张的，等等。

(4) 设计方法

通常我们设计语言节奏的方法是：

欲升先降，欲降先升；

欲快先慢，欲慢先快；

欲重先轻，欲轻先重；

实能转虚，虚能转实。

6.情绪

老师和家长给孩子讲故事，也属于一种艺术活动，讲述时需要调动您所有的情绪、情感，这样孩子会更爱听。请注意保持前后声音的一致性以及情感的一致性。

要充分调动情绪，就需要您有丰富的想象力，在讲故事的时候可以想象自己身临其境，想象着自己来到了故事里的场景，把自己融入故事中，仿佛自己能闻到故事中的花香，听到故事中的鸟语。

讲故事是一门很普通的语言艺术，语言作为塑造人物形象、刻画人物性格的重要手段，必须做到性格化。每个角色都有自己的特点，要在故事中把他们的特点表现出来，具体体现在声音、音色和说话时的习惯、语气、语调等方面。

声音是可以化妆的，让您的声音色彩描绘出不同的故事，让孩子陶醉其中，能有更多的收获。

祝每位家长和老师都能成为讲故事的高手！